打開天窗 敢說亮話

智富

天窗出版

一本書成為交易高手

The Little Book of Market Wizards:
Lessons from the Greatest Traders

施瓦格 (Jack D. Schwager) 著

Ralph Lee 譯

目錄

前言

作為一個長久的傳統，我每年聖誕到新年長假，都會看《叛諜追擊》三部曲（The Bourne Trilogy）及讀施瓦格（Jack D.Schwager）的《市場怪傑》（*Market Wizards*）系列——《叛諜追擊》三部曲純粹是娛樂性質，《市場怪傑》系列則是在情緒上及精神方面，為來年在市場奮力衝刺做好準備。

沒有一個作者——不論是在生還是已故的——能夠像施瓦格般，如此豐富刻劃出投資市場。可以說，整整一代交易員多少都要對《市場怪傑》系列及施瓦格感到有所虧欠。就我而言，市場怪傑系列即使是經過了80年，也會歷久常新，一如勒菲佛（Edwin Lefevre）著作《股票作手回憶錄》（*Reminiscences of a Stock Operator*）流傳到今天一樣，這是毫無疑問的。

有甚麼是新晉和有志的市場人士不願意花時間，卻又想請教世上59名最成功及最能幹的交易員的呢？這正是施瓦格在《市場怪傑》書中想帶給我們的，包括市場觸覺、操作細節、風險管理原則，以及由股票、利率、外匯和期貨市場的神級交易員分享他們遭受過的教訓。

作為一個打從1981年便靠交易賺錢維生的人，我並不熱衷於坊間那些如何學會交易的書，說裡面會逐步詳解另一個交易員的「致勝秘方」。我從來都堅信所有穩中求勝的交易員，他們有兩個共通點：摸索市場時會反映出自己的個性，以及主動去管理風險。每次翻開《市場怪傑》叢書來重讀，這兩個帶來賺錢機會的重要元素，都會煥然一新的躍然紙上，挑戰著我自己對於市場的推測方式——過去、現在及未來也如是。

《一本書成為交易高手》(*The Little Book of Market Wizards*)為《市場怪傑》系列注入了新的生氣。在某一重意義來說，它算是個解讀本(CliffsNotes)——可以快速重溫之前所有訪問。同時從另一些角度出發，透過施瓦格與一眾交易高手的全方位訪談中，梳理出交易的嶄新層次，這正正只有施瓦格才能做得到。

《一本書成為交易高手》是施瓦格所著4本前作、約60個訪問的點題式演繹，他把所有《市場怪傑》叢書的內

容分門別類，歸納成能帶來交易成功的妙計錦囊。

除了我之前提過採取積極的風險管理，及需要特立獨行的交易策略之外，《一本書成為交易高手》亦同時突出了很多成功交易員都認同的共通點，並且提供極之有用的實際例子，從要耐心到有優勢、從夠勤奮到守紀律，以及從處理連敗到不斷犯錯，都一一收錄。

大多數新手及有抱負的交易員始終有個誤解，認為交易要賺錢，秘訣在於認清入市訊號。不少聰明的銷售人員，當中大多並非成功的交易員，利用這個錯誤信念，一直推銷著贏率會有7至8成的交易系統。

所有市場中人——不論是新秀抑或老手、是屢敗屢戰或長勝將軍、是任意妄為抑或按步就班、是私人投機抑或對沖基金經理——很快都會把《一本書成為交易高手》列入我最喜愛的有關買賣及市場的書單中。

有了《一本書成為交易高手》，我便等於是每年年底多了一本新書可讀，事實上，這將會是我第一本會一讀再讀、再三重讀的書。要感謝施瓦格給了市場人士另一份厚禮。

—— **布蘭特**(Peter L. Brandt) **交易員**

序

在過去25年期間，我訪問過一些全球最佳交易員，目的是要找出到底是甚麼令他們成功——見於前後一連四冊《市場怪傑》(*Market Wizards*)。我一直嘗試去解答這些問題：是甚麼把這些交易員自一般的市場參與者中區分出來呢？他們又有甚麼共通點是可以用來解釋他們的超卓成就？

《一本書成為交易高手》(*The Little Book of Market Wizards*) 是能夠解答這些疑問的精華所在。實際上，這本書也等於是提供了一個概略，去了解4本橫跨了整整四分一世紀的《市場怪傑》叢書，它們裡頭所提及的主要思想。《一本書成為交易高手》並非要用來取代《市場怪傑》系列，它更像一個簡介。我在《市場怪傑》系列所做過的訪問當中，把自己認為是最重要的部分摘了出來，

但相信不同的讀者會有自己不同的見解，以我多年來不時接觸到不同讀者所見，書中他們最喜愛的訪問都各有不同。想知道得更深入的讀者，當然可以去翻閱四本《市場怪傑》叢書裡最原汁原味的訪問。

對交易及投資有興趣而又未嘗讀過《市場怪傑》叢書的讀者，當會發現這本書是以簡潔有力及易於理解的方式，精要地向他們提出具價值的交易忠告。即使對《市場怪傑》系列的老讀者而言，本書亦不失是溫故知新的有效方法，能夠簡便地讓他們重溫原來訪問中有關交易的深刻意義。

本書無意走那些推銷如何做好交易的路，也不講有關買賣的專門技巧，這裡面不會找到在市場致富的提示或建議。太多有抱負的交易員會讀那些教人該如何交易的書，但成功的交易卻不會用如此俗套的方式來表達；他們完全抓錯重點，不知道交易要成功，最根本的是得其神而非只得其形。期望有神奇的必勝方程式在市場上輕鬆贏錢的讀者，這裡肯定要大失所望，因為他們根本找不到想要的答案——雖然我認為，即使他們依照那些教人如何賺大錢的書去做，最終也可能是空手而回。相反，為了在市場取得潛在成功而先打穩基礎的讀者，即

使未至於非讀不可，但也應該會覺得《一本書成為交易高手》頗為值得一看。

　　儘管本書表面上是關於交易的成功，但廣義一點來說，也是本探討怎取得整體成功的書。讀者們會發現書中所強調的大部分技巧，其實放諸四海皆準，在其他領域也會帶來成功。我記得多年前，主講過一次以交易成功為主題的講座，結束後有位參與者來找我，他介紹過自己後便說，「我是個牧師，我聽得很入神呢，你提出的論點，有很多也是我建立教區會議時的成功關鍵。」雖然交易與牧師很難扯上關係，但成功的元素看來卻沒有兩樣。我總覺得成功有賴於一些共同的宗旨，而在偉大的交易員身上，往往一眼便看得出來。

01

不可預期的失敗

在1959年4月15日，吉布森在美國職棒大聯盟賽事處子登場，在球隊落後洛杉磯道奇（Dodgers）0比3的時候，以後備投手身分為聖路易紅雀（Cardinals）上場。他在面對第一個擊球手的時候，已經讓對方打出一個全壘打 —— 這個屈辱在當時聯盟歷史上只有65個投手試過[1]，而且在第2回又給打出另一個全壘打。到了第二晚吉布森再次後備上陣，結果卻再受到洛杉磯道奇的沉重打擊。兩晚之後對巨人隊的賽事，吉布森在第8局被派上陣，當時是兩人出局、兩人在壘，結果他很快便

連失兩分。在那場比賽之後,他只能在後備席上白白度過一個星期,之後更被送回小聯盟作賽,實在很難想像有更令人沮喪的開始。

萬事起頭難,但最終吉布森卻成為美職棒史上最佳投手之一,更被很多人視為20大投手,名留青史。吉布森在大聯盟17個球季當中勝出251場賽事,共3,117次三振出局,防禦率2.91。在1968年,他做出了令人難以置信的1.12低防禦率 —— 是自1914年有紀錄以來最低。他職業生涯中兩次奪得投手最高榮譽的賽揚獎(Cy Young awards),及兩次獲選為世界大賽(World Series)最有價值球員,先後9次入選全明星隊,並且在他符合資格後首年就進入職棒名人堂(Baseball Hall of Fame)成為傳奇。

如果你一開始就失敗

在我編寫《市場怪傑》(*Market Wizards*)叢書的過程中,其中一個令我意外的地方是很多極之成功的交易員,在初試啼聲時都曾遇上挫折。被衝擊得潰不成軍,或屢試屢敗的事跡,比比皆是,馬可斯(Michael Marcus)便是個典型例子。

馬可斯在大學低年級時，就被慫恿參與期貨買賣。
當時他透過朋友認識了約翰，約翰稱可靠買賣商品就能
夠把錢在兩星期內翻一番。馬可斯正中下懷，於是以周
薪30美元聘用約翰當交易顧問，甚至還用上自己的儲
蓄，開了一個期貨買賣戶口。

站在證券行內，看著牆上的商品板價格閃動著（說
的是回到1960年代），馬可斯很快便知道他的「顧問」約
翰，對交易根本就一竅不通。馬可斯每次買賣都輸錢，
接著約翰想出一個「將會一舉反敗為勝」的提議，就是
買入8月豬腩期貨而同時沽出翌年2月的豬腩期貨，理
由是兩者之間價差高出持有的成本（即最接近交收日期
合約的實物交割、倉庫，和遠期合約交割的總成本）。
看起來的確是項穩賺的交易，下單之後兩人便到外面午
膳。但當他們回來，馬可斯整個人都怔住了，因為他發
現自己的戶口差不多已被清倉。（馬可斯要到後來才發
現，8月豬腩根本就不可對著2月合約來交割的。）直到
那時，馬可斯告訴約翰自己懂得的跟他一樣多 ── 甚麼
也不懂 ── 結果把他炒掉。

馬可斯之後成功再弄來500美元，但也同樣輸光。
不甘心就此放棄及接受失敗，他決定從他15歲那年爸爸
去世時留下來的人壽保險裡，拿出3,000美元，並且開

始買賣穀物，而且略有斬獲。在1970年，他照著所訂閱的財經通訊中的建議買入玉米。全憑運氣好，他碰上了1970年爆發的粟米葉枯病（corn blight）；那年夏天過去，馬可斯將3,000美元變成3萬美元。

到了秋天，馬可斯進入研究院，但發覺交易實在過於困身，於是他索性輟學，並且遷居紐約，每當有人問他究竟以甚麼為生，他會帶點傲慢地回答，說自己是個「投機者（speculator）」。

1971年春天，當時流行一個說法，指葉枯病在冬天過後會再出現，粟米會大失收，對此馬可斯自己也深信不疑，認定是另一次發財的機會。他向母親借來了2萬美元，加上自己原來的3萬美元，就這樣把5萬美元押注在粟米及小麥合約。過了好一陣子，市場對於葉枯病的憂慮並未有太大反應，價格仍然平穩並沒有高走。之後有天早上，財經新聞報道出現這個頭條，「在芝加哥期貨交易所遭受葉枯病的打擊較中西部粟米田還要多」。粟米市場顯著低開，價格急跌至不可買賣的「下限」水平[2]。馬可斯站在那裡一動也不動，只希望市場會即時反彈，但又眼見價格於低位絲毫沒有動靜。由於他是過度借貸，故在別無選擇下只能夠第二天即時斬倉，最後他輸光自己的3萬美元，及他借母親兩萬美元中的1.2萬美元。

> 我會抬頭望天說：「我真的有那麼愚蠢嗎？」
> 我像是聽到一個清楚的答案說，
> 「不，你並非愚蠢，只要繼續做就好了。」
> 我便照著辦。
>
> ——馬可斯

　　我問馬可斯在經歷過所有這些挫敗後，有沒有想過算了不如就這樣放棄吧。他回答：「我有時會在想，或許也應該停下來不要再做買賣了，因為一直在輸錢也真的很痛苦。在《屋頂上的提琴手》(Fiddler on the Roof)裡有個場景是這樣的，主角抬起頭想對神說話。我會抬頭望天說：『我真的有那麼愚蠢嗎？』我像是聽到一個清楚的答案說，『不，你並非愚蠢，只要繼續做就好了。』我便照著辦。」

　　事實上，他真的做到了，往後的日子馬可斯好像開竅一樣。他有與生俱來做交易員的天賦，等到他將內在技巧再結合經驗及風險管理後，他終於取得空前成功。

他在商品公司(Commodities Corporation)擔任交易員一職，戶口初時獲注入3萬美元，多年後再額外加碼10萬美元。10年又過去，馬可斯竟然將這些資本滾大至8,000萬美元！而這個數字已經計及公司多年間為應付急速增加的開支而從他戶口裡扣除多達3成的利潤。

堅持「一手」

雖然很多市場怪傑開始時多少會碰壁，但若論損失所帶來的打擊，或許沒人能及沙利巴(Tony Saliba)那麼深刻。他在職業生涯初期，還只是個交易大堂的經紀時，他獲一個交易員資助5萬美元，沙利巴便拿來做了波幅價差(Volatility spreads)的好倉(如果市場波動增加便能獲利的期權倉位)。在起初兩個星期，沙利巴戶口裡頭一度增至7.5萬美元，他還自以為是個天才，卻忽略了這些期權都是用很高的溢價買入，而當時市場早已進入高波幅時期。市場轉勢出現橫行，波幅及期權溢價大幅收窄，僅僅6個星期，沙利巴帳面只剩下1.4萬美元。

回看這一幕，沙利巴表示：「我當時真想自殺。一架DC-10型號客機在芝加哥奧黑爾(O'Hare)機場嚴重

墜毀，是發生於1979年5月的事，當時全機人遇難，你還記得嗎？那時我人生也正跌落谷底。」

「那是用來比喻你當時的情緒，對嗎？」我問。

「是的。」沙利巴回答，「我寧可與當天機上任何一個人對調，我的想法都已經差到那個地步了。我在想，『就是這樣了；我已自毀一生。』……我感到很失敗。」

儘管開局一塌糊塗，但沙利巴有一樣重要的東西沒有離開他：堅持。在這場早來了的災難過後，他險些便離開了交易員的世界，但最終還是決定留下來。他去找其他更資深的交易員問他們意見，令他明白到嚴守紀律、做足準備功夫，和以穩中求勝為目標的重要性，而非再貪求一夜致富。沙利巴將這些都銘記於心，並且改變策略，由原來買賣極為波動的Teledyne（一家美國工業科技公司）期權，改為較窄幅波動的波音公司期權。即使真的要再買賣Teledyne，他出手非常保守，少得就連其他同行都嘲笑他，幫他起了個綽號叫「一手」（One-Lot）。但沙利巴一再堅持，並抵住了所有冷嘲熱諷，在其審慎策略下再沒行差踏錯。最後，堅持及專注於風險管理的策略下令他大獲全勝，沙利巴更曾經創出連續70個月利潤超過10萬美元的紀錄。

兩大教訓

本章可總結為兩點。

第一，失敗不可預期。即使偉大的交易員也會遇到挫敗 ── 甚至是重覆犯錯 ── 特別在他們職業生涯的早期。一開始時有挫折是常態，就算是那些最終成為市場怪傑的交易員也一樣。順帶一提，多數嘗試交易的人起初都曾損手，因此所有新加入的交易員，都應該只投入少量現金，因為他們要為自己在市場交的「學費」設限。

第二，堅毅精神是成功的一大關鍵。在本章中，交易員詳細提到他們所遇到的種種挫敗，換著是其他人來面對的話，大部分可能已經知難而退。這一章的交易員如果要放棄，其實易如反掌，若非他們不屈不撓堅持著，或許很多市場怪傑便永遠不會發掘出他們的極限潛能。

02

投資不只一套必勝法

在考慮甚麼是成功交易的重要要訣時，我們要先從甚麼是不重要來開始，因為成功的必要條件其實是與很多投資初哥心中所想的是有所出入。很多想成為交易員的都相信，要買賣成功便得有一套秘密的必勝方程式，又或是一個解釋和預測得到股價變化的系統，只等有朝一日他們解開價格行為變化的箇中奧秘後，那麼成功便會隨之而來。將交易的成功與某些特定的方程式扯上關係，根本就是誤解，因為何謂正確投資並非只得一本通書。

為證明這點，我會比較一下兩位我訪談過的交易高手，羅傑斯（Jim Rogers）及舒華茲（Marty Schwartz）他們二人的投資哲學及交易方式。

基本分析型的羅傑斯

羅傑斯是個出類拔萃的交易員，雖然他堅稱自己是個投資者，有別於一般交易員，因為他的投資都是長期持有的。在1973年，他夥拍索羅斯（George Soros）成立了量子基金（Quantum Fund），成為史上最成功的對沖基金公司。但到1980年，羅傑斯便離開量子基金，因為隨著基金規模不斷壯大，加重了他一向不喜歡做的管理工作負擔。羅傑斯只想專注於市場研究及作出投資決定，所以他寧可「退休」去管理自己的財富。

羅傑斯特別擅於觀察大環境變化，再預測出主要的長期趨勢。我在1988年有機會訪問過他，當時金價已經連續跌了8年，但羅傑斯一於少理，他仍然斷定黃金的熊市還未結束，往後10年仍要向下。

「將軍總是打最後一役。」他說，「基金組合經理只會在最後一輪熊市才出手投資，認為黃金甚麼時候都保值是荒謬到極的想法，歷史上便有好些時期黃金是喪失了購買力的——有時甚至長達數10年。」

　　羅傑斯的判斷絕對正確，結果金價跌足11年。而日股是另一個他有獨特想法的市場，當時日股正值瘋狂飆升的牛市，但羅傑斯卻大為看淡。

　　「我擔保日股將會出現大跌市 —— 可能在明年或後年……（日本股票）將會跌8至9成之多。」

　　這種推測看似語無倫次，卻是正確無比。在那次對話之後一年多，日股見頂並開始回落，直至日經指數在隨後14年，失去其8成市值才止跌。

　　很明顯，羅傑斯的意見很值得去關注。羅傑斯是個看基本因素的分析員，我問他對圖表有何看法，其反應很能夠突出他對技術分析是如何不屑一顧。

　　「我未遇過有錢的技術派。」羅傑斯說，「當然，不包括那些推銷他們技術性服務而賺到盤滿缽滿的人。」

　　我索性問他到底有沒有用過圖表。

　　「我有用它們。」他說，「去看一下正發生甚麼事情……我不會說 —— 你剛提到的那個用詞是甚麼，轉向（reversal）？—— 『這裡有個轉向。』我根本不知道轉向是個甚麼玩意。」

　　當我想向他作出解釋時，他把我的話打斷。

　　「不用告訴我了，它會擾亂我思緒，我不知道那些

事，我根本不想去知。」

我不禁問自己，比起羅傑斯對技術分析的態度，是否還會有人較他更瞧不起特定的交易方法。

技術分析型的舒華茲

現在去認識另一位交易員舒華茲，他買賣也做得極成功，若論分析風格卻相當迥異。到我有機會訪問舒華茲時，他已經將一個4萬美元的帳戶，增加至超過2,000萬美元，期間更從未錄得多於3%的虧損（根據月底數據）。舒華茲苦惱地指出，他表現最差的兩個月 — 3%及2%的虧損 — 是因為孩子出生令他有所分心。在這期間，他參加了10個公開交易比賽，當中9個是為期4個月，結果他的非年化回報率平均有210%！而另一個一年期比賽，回報率更達781%。

由此可見，舒華茲也是一位其意見要很認真看待的交易員。對於基本分析與技術分析之間誰更有用的爭論中，他又有甚麼要說的呢？在當了差不多10年證券分析員之後，他投身成為全職交易員，運用的是技術分析。我於是問舒華茲，是否已完全從基本分析改信技術分析，諷刺的是，他的回應像是要直接反駁羅傑斯對技術

分析的看法 —— 而我卻半點沒有向他提及過。

　　舒華茲答道，「當然了，我總是取笑說『我從未遇到有錢的技術派』的人，我太愛那樣做了！那是個既自大又無稽的說法，我用基本分析已9年，賺大錢是當上技術派之後的事。」

　　在市場上買賣，何謂有用何謂沒用，已很難再找到兩個更分歧的觀點了。羅傑斯做買賣單憑基本分析來決定，認為技術分析是虛有其表、中看不中用；相反舒華茲卻因為基本分析而一敗塗地，要改用技術分析才扭轉局面、反敗為勝。他們兩人都取得莫大成就，但又完全不屑對方的方法，甚至到了憤恨嫉惡的地步。

求同存異

　　羅傑斯與舒華茲之間的對立告訴你甚麼？條條大路通羅馬，市場不會只得一條路行得通，不會只得一個秘訣要發現，不會只得一個正確方式買賣。那些要破解市場而尋找一個真正答案的人，還未說得出對的問題，更遑論聽得到對的答案。

市場不會只得一個秘訣要發現，
不會只得一個正確方式買賣。
那些要破解市場而尋找一個真正答案的人，
還未說得出對的問題，
更遑論聽得到對的答案。

　　要在市場上賺錢有千百萬個方式，很不幸要找出它們卻又很困難。可是通往成功的道路一條又一條，有交易員像羅傑斯，單憑基本分析便成功；其他包括舒華茲在內的，卻是靠技術分析幹出成績；也有人集兩家之大成。有交易員要持股數月甚或數年才成功，也有人是爭分逐秒買賣的。要在市場取得成功，重要的是找到切合你的方法 ── 人人各師各法 ── 而不是找到一個真正的方法。

03

買賣凸顯你個性

在前一章，我們了解到要成為成功的交易員並非只有一條路可走，背後亦包涵了交易成功的必要元素。即使你讀過這本書後，發覺除了以下一句以外並沒有其他得著，但相信這本是仍是值得一看：

成功的交易員會
找到能夠顯出他們個性的買賣方法。

　　因此，儘管在市場買賣的正確方式，不會只得一種，但要走向成功，你要找到一個適合自己的 ── 符合你個性的方法。這是我所採訪過所有成功交易員都有的共通點：他們全都會建立一套貫徹自己性格和信念的交易風格。這個觀察看似十分合理，甚至是顯而易見，你可能會問，「難道每一單買賣都照著他們個性進行？」

　　事實卻並非如此，舒華茲花了差不多10年時間，嘗試用與自己個性格格不入的基本分析去做買賣。結果是，雖然他以基本分析得出對後市的看法，但卻過不了自己一關。談到早年這段日子，舒華茲說，「雖然我薪高糧準，但仍差不多瀕臨破產，事關我不斷在市場上輸錢。」

　　要直到舒華茲改信技術分析，他才如魚得水，技術分析讓他在即使看錯市時，仍能以最快速度離場；即使

是止蝕，但前面仍有很多交易機會等著他。就像舒華茲
解釋，「我深信會令我贏錢的股份總會出現，止蝕的決
定並不怎麼痛苦。我是犯錯了，那又如何啊？」他找到
一個更加切合自己的方法，重點並不是說技術分析較基
本分析優勝，而是技術分析對舒華茲來說，是個較好的
方法，對其他交易員像羅傑斯而言，情況卻恰恰相反。

　　付出時間金錢去採用一套與自己個性互相違背的交
易方法的交易員，人數之多會大出你意外。有的交易員
天生擅於設計程式化交易系統，往往卻又禁不住憑自己
直覺去落盤 —— 很多時與他們本身的系統互相違背；也
有交易員是傾向要看通市場長線走勢，但又經不起長時
間沉悶地持倉，分心作短線買賣而很快輸錢。人們總是
會從最適合自己個性及技巧的地方迷失。

鍾斯（Paul Tudor Jones）

　　讓我再對照一下我訪問過的兩位交易員，來解釋
我口中所說要買賣出你的個性。首先是鍾斯，我們這一
代最出色的期貨交易員之一，我和他是在1987年10月股
災後半年見面的，要知道那個月對很多人來說是災難性
的，但鍾斯卻取得62%的驚人回報，而且差不多做出連

續5年回報都倍增的佳績。我說「差不多」是因為其中有一年，他的基金升了99%。

當我安排訪問鍾斯時，他選擇了在交易時段內去進行，這使我覺得有點不妥，因為據我所知，他是一名積極買賣的交易員。當我被帶入他辦公室時，他正對著連接到交易大堂的擴音電話大聲落盤，那是電子交易還未出現的年代，期貨買賣都在交易大堂內進行。

我等到他落完盤後才開口，試著解釋不希望打斷他做買賣，並提出要不我們在收市後才做訪問。

「沒問題。」鍾斯答道，「我們來吧。」

當他回應我的問題時，鍾斯半眼都沒有離開過房間內、顯示著價格的大熒幕，偶爾會向交易大堂發飆似地吼叫落單，像極了一個勇猛地把來球擊回對手場中的職業網球手：「買300張12月期油！快快快！買了沒有？告訴我！」與此同時，他還要聽電話及應付走進來報告及要他給指示的職員。

布雷克 (Gil Blake)

記著鍾斯在他辦公室內忙做買賣的情景後，現在再看一位風格截然不同的交易員，他就是布雷克。不無諷

刺地，布雷克之所以會與交易扯上關係，原來是要向同
事證明市場是隨機的，嘗試看準買賣時機而獲利，其實
只是在浪費時間。那時布雷克是一家公司的財務總監，
有回他一位同事提出一個研究並尋求他的意見，說若在
美國市政債券開始下跌後任何時間賣出，等到回升時再
買入的話便會有所斬獲。

　　布雷克對此表示懷疑。「我不相信市場是這樣運
作的。」他回答他朋友，「你有看過《漫步華爾街》(*A
Random Walk Down Wall Street*) 嗎？問題是你手上沒
有足夠數據，去找多些數據吧，我敢說長遠你很難靠這
個方法去賺錢。」

　　當布雷克掌握到更多數據後，這才發現他當初的質
疑是站不住腳的，基金價格明顯是有其規律性走向的，
而且當他研究得愈多，便發現基金價格的規律性也愈來
愈明確。布雷克亦因此改變看法，深信存在著可帶來利
潤的價格走勢(patterns)，甚至令他放棄工作，全心全意
進行這方面研究。布雷克形容他早年的交易生涯，「我
實際上就是以圖書館為家，對著微型菲林閱讀器，摘取
出或許有上百家對沖基金的年度數據。」布雷克發現了
高機率操作，甚至促使他將物業二按套現，加碼入市。

布雷克的紀錄出奇地穩定。他接受我訪問時出道了12年，期間每年平均回報率45%，表現最差那一年仍有24%收益，並且每個月都錄得正回報。事實上，在整整12個年頭裡，只有5個月是負回報的，「連勝」紀錄長達65個月之久。

儘管取得了空前成功，但布雷克卻沒有任何意思要創立家資產管理公司，或是將他的一人運作擴充。他都習慣了在自己的睡房操盤，並只為幾個朋友及家人的戶口管理資金，其他邀請他都一一婉拒了。

比較鍾斯和布雷克

現在我們就比較一下鍾斯和布雷克。試問你能想像鍾斯終日流連圖書館，花時間在微型菲林之間研究價格，在睡房內每日只買賣一次；又或者試想一下布雷克在鍾斯主場的嘈雜環境落單？這些畫面感覺上有些不對勁，亦不協調。鍾斯和布雷克的成功，在於他二人都善用合於自己個性的交易方法，如果方法是性格不合（好像用了對方那一套），結果便會截然不同。

即使教你用我的方法，
你仍注定失敗收場，因為你並不是我。
如果你在我身旁「偷師」，
可能會學到一招半式，但有很多事情，
你還是會按著自己意思去做的。
——奧莎（Colm O'Shea）

　　而最重要的是，交易員一定要找到適合自己的信念
及才能。對一名交易員事半功倍的方法，對另一名交易
員來說可能是並不適合，甚至因而虧本。奧莎是我訪問
過的環球宏觀基金經理其中一個，他在回答有關「交易
技巧學得到嗎？」這個問題時，可謂一語中的，「即使教
你用我的方法，你仍注定失敗收場，因為你並不是我。
如果你在我身旁『偷師』，可能也會學到一招半式，但有
很多事情，你還是會按著自己意思去做的。」我就有一
個好友，幾年來都坐在我隔鄰，他現在為另一個對沖基
金打理很多錢，而且做得很出色。但他跟我不同，他不
是要做另一個我，而是變成其他東西，成為他自己。」

個性及交易系統

用一個適合自己個性的方法，不但是交易成功的重要元素，也解釋得到為何大部分人，他們用所購買的交易系統做買賣，最後卻仍要輸錢。為甚麼這是真的呢？是否因為大多數交易系統，如果不去用它們建立過程中的數據就沒用？我不是這個意思。其實我不知道賣給散戶的這些系統，在交易時能夠帶來優勢的比例是多少，但即使超過50%，即是有半數以上在買回來後，只要按照指示做便會有可能會獲利，但我相信仍會有超過90%的人，會因為透過系統買賣而損手。

為甚麼？這是因為每個系統無論用上甚麼策略，都會遇上表現不佳的艱難時期。現在如果你要買一個系統，它定義上與你個性及信念是無關的，至少在大多數情況下，背後是甚麼在觸發系統訊號，你根本一無所知。這樣一來，當系統第一次失利時，你對它便信心盡喪，接著便不會用它來落單了。這是為何絕大多數人先是購買了系統，但到最後卻仍要輸錢：成績差時他們很快便嫌棄它，輪到系統有改善了，他們全都已放棄這系統。

04

發掘投資優勢

華爾街有一句格言是這麼說的,「即使是個差勁的交易系統,只要有良好的資金管理,仍然能夠賺錢。」你聽說過沒有?如果你有聽過,那便忘掉算吧,因為這是在曾經說過有關交易的看法裡面,真的是最愚蠢的一個。如果你相信好的資金管理,可以挽救一個不濟的系統或方法,那我邀請你不如去賭場走走,並且以你最好的資金管理辦法去下注輪盤,看看這樣的話結果會如何。事實上,如果你問100名數學家,「我有1,000元想下注玩輪盤 — 最好的下注策略應該怎樣做才對?」

全部一百個人都會給出同一個答案：將1,000元全部放在紅或黑（或是去買單或雙）那樣玩一鋪，接著無論勝負都即時離席，如此便會讓你有最大機會在輪盤上獲勝。[1]

　　當然你勝出的機率仍會少於5成 —— 對一個「孖零」的輪盤來說，準確地說機會是47.37% —— 但只玩一鋪的話，你輸的機會卻是最小的，你注下得愈多，輸的可能性愈大，而且如果你玩得夠長時間，從數學上看你是輸定的，結論是你沒有優勢（亦即你輸面較大），所以最適當的資金管理便是押上所有注碼「一鋪過」—— 正正是不良資金管理的寫照。當你看不見有勝算時，資金管理根本就救不了你，而只會在有優勢的時候，才幫助你去持盈保泰。

因此，有資金管理並不足夠；
你還要有優勢，有優勢即是說你要有方法。

　　因此，有資金管理並不足夠；你還要有優勢，有優勢即是說你要有方法。在《市場怪傑》叢書裡受訪的交易員中，當被問到買賣如何進行、做了些甚麼時，沒有一個會回應說，「我就只瞪著螢幕，如果債券看來很好，我便會買些。」他們當中沒有人在做交易時，會抱一種近乎漫不經心、不加思索的態度。他們都有自己特定的操作方法，部分甚至可以詳述相關細節，鉅細無遺，其他人或會略為概括，但都明顯有自己的一番理解。

　　你自己的方法又是甚麼呢？如果你發現答不上這個問題，便表明你仍未準備好將自己的錢投入市場。如果你有答案，還有下一個問題是，「你的交易方法有沒有優勢？」你不肯定如何答的話，那便再一次證明你還是別冒險入市了。成功的交易員都很有信心，知道自己的方法確有優勢。

有優勢並不足夠

　　就像單靠資金管理而沒有優勢並不足夠一樣，空有優勢而不做好資金管理也是徒勞。事實是你要兩者兼顧。特勞特 (Monroe Trout) 創下有紀錄以來其中一個最佳的長期風險回報，當我問他做交易有甚麼規則，他

答道,「要肯定你有優勢,知道你的優勢在哪,要有堅固的風險控制規則……要賺錢你需要有優勢,並且運用好資金管理。單靠好的資金管理,根本不會增加你的優勢。無論資金管理得如何出色,沒有一定優勢的話,你仍會輸錢。可是,假若你有穩賺的方法,那麼資金管理便會是勝負之分。」我們會在第8章詳談資金管理。

05

成功需苦幹

在一個漫長交易日的晚上，我訪問了舒華茲（Marty Schwartz）。他正在做日常市場分析，為翌日做好準備。訪問相當長，完成時夜已深，舒華茲看起來疲憊不堪，但他仍未打算停下來，仍要去完成他的日常市場分析。他解釋，「我座右銘是要做到比對手更加準備充足，所以每晚都會做好自己的功課。」

> 我座右銘是要做到比對手更加準備充足，
> 所以每晚都會做好自己的功課。
>
> ——舒華茲

　　這令我很吃驚，在訪問的傑出交易員當中，很多都
是工作狂，當然例子多的是，只需看下列兩名交易員如
何看待工作，便能知道成功交易員的特質。

肖爾（David Shaw）

　　肖爾是全球最成功量化交易公司之一D.E. Shaw的創
辦人，他透過最出色的數學家、物理學家和計算機科
學家，建立出多個電腦運算系統，當系統連結起來，
便發現到不同證券之間的價差，從而在市場上得到穩定
利潤。整個交易策略極其精密，涉及買賣數以千計金融
工具，包括全球主要市場的股票、認股證、期權和可換
股債券。你可能會認為，掌管這個龐大的交易運作、帶

領及監督一大隊出色的量化專家進行研究，對於任何人來說都會感到吃力，可是這對肖爾而言好像仍然是遊刃有餘。

多年來，肖爾的公司也有栽培及孕育出其他公司，包括Juno Online Services（之後併入了United Online）、一家賣了給美銀美林的金融科技公司、一家網上經紀公司，以及一家做市商。此外，肖爾在計算生物化學上亦廣泛的涉獵，掌握了研究的發展大勢，並且向業內幾家公司提供創投資本。（肖爾最終甚至將D.E. Shaw交予管理團隊，好讓他可以全情投入計算生物化學領域的科研工作。）而這還未算，肖爾亦曾加入克林頓總統時代的科技與技術顧問委員會，同時亦是教育科技小組的主席。很難明白一個人如何能夠完全處理好這些事情，我問肖爾他可有放過假嗎，他答道，「沒太多，我放假的時候發現，自己每日仍要工作幾個小時才會感到安樂。」

本德 (John Bender)

本德是個期權交易高手，他為索羅斯打理量子基金管之餘，也幫自己的基金做買賣。我訪問他是在1999年，當時他的基金年均複合增長率達33%，期間倒退最

多也僅6%。翌年（該基金的最後一年），他的基金錄得破天荒的2.69倍回報，這是因為估中大市趨升，為本德所部署的期貨倉位，帶來了極大利潤。但由於得了腦動脈瘤，他在2000年便結束了基金。後來，本德花10年時間，在哥斯達黎加買下一大片雨林地皮，並且發展野生動物保育區。不幸地，本德患上了躁鬱症，並陷入人生低潮，最終選擇在2010年結束自己生命。[1]

當本德還在做交易的時間，他最活躍的市場可能算是日本期貨市場，接著他會一直等歐洲期貨開市，並且一般會再坐到美國開市時段。一日花長達20小時來買賣，對本德而言是再正常不過。我舉他做例子，並非鼓勵要像他一樣過活，只是想說明部分市場怪傑，他們在工作時有多刻苦耐勞，並會如何把自己推向極限。

悖論

如今諷刺的是，為何交易仍會吸引得到那麼多人？這是因為它令賺錢看來輕而易舉，但實情是，買賣做得極其成功的人，都是經過一番苦幹。而交易生涯成功及所要付出努力，在印象和現實上的區分上，將帶出以下

的一個悖論。你也會承認，沒有一個心智健全的人，會走進一家書店（假設你今時今日仍找得到），在醫療書籍一欄找到腦部手術技巧一書，讀一個周末，到了周一早上進入醫院手術室，相信他已準備好做開腦手術。這裡用上心智健全一詞 —— 那是說，沒有心智健全的人會那麼想的。

可是，到書店裡去，走到放商業書籍的部分，買一本叫《去年我如何在股市裡賺第一桶金》，讀上一個周末，便相信在周一開市後投資回報可跑贏職業炒家，你認為在你認識的人當中有多少個會認為這樣完全沒有不妥。上述兩個例子的思路頗為相近，但認為開腦手術是難以接受的同時，為何有那麼多人對第 2 個例子，卻不當是一回事。這個分別是甚麼原因呢？

但實情是：買賣做得極其成功的人，
　　都是經過一番苦幹。

　　我相信這個悖論足以給人滿意的解釋。買賣證券或許是全世界唯一一種職業，可讓一個一無所知的外行人，一開始已經有5成機會選對了路。何解？這是因為在交易的時候你只可二擇其一：不是買，便是賣，甚至出於機會率，部分人有超過5成時間是做對的 —— 至少在開始時是這樣。

　　打個譬如，如果你集合到1,000人一起擲銀，每人10個錢幣，平均約3成人會有超過6成機會擲出「公」。在這個實驗中，這些參與者都心知肚明，自己擲得出「公」是靠運氣而非憑技巧，但說到買賣股票，那些總有一半時間做得對的外行人，卻滿以為成功全因自己過人的判斷力，而不是講彩數。就是因為單靠好運也可以獲一時之利，令人心存僥倖，以為賺錢容易，同時又相信自己是真材實料。

　　同樣的誤解卻不會出現在其他職業。如果你從未受訓當外科醫生，你根本就沒可能成功進行開腦手術；若沒拉過小提琴，那便只有零機會在紐約愛樂樂團（New York Philharmonic）作出完美的個人表演。無論選擇的是甚麼職業，如果你是個未經訓練的初哥，哪怕只望一時成功，也是絲毫沒有機會的。但在陰差陽錯下一無所知仍可一夜致富，而這種可能性卻能愚弄人。

06

好的交易輕而易舉

讀到本章的題目，你可能會想，「等等，上一章你才告訴我們，成功的交易要經過一番苦幹。但現在又說成功的交易應該不費吹灰之力，先講清楚，究竟哪句真？哪句假？」

做交易所下的苦功在於準備，
到實際執行時卻不費吹灰之力。

這不是自相矛盾，分別在於是準備還是執行。做交易所下的苦功在於準備，到實際執行時卻應不費吹灰之力。我打一個關於跑步的比喻，想像一個身型完全走樣的人，他的活動範圍頂多是由沙發到雪櫃，而他現在要10分鐘跑一哩路。現在換成一位世界級馬拉松跑手，聽起來可輕鬆了，因為他只要用每哩少於5分鐘的速度去跑。誰付出較大努力？誰又較為成功？答案很簡單，身型走樣的跑手付出較多努力，但結果是世界級跑手勝出。這個世界級選手所以跑得如此輕鬆，當然不是突然有一天說要跑便立刻跑得出成績，而是經過長年累月的嚴格訓練，他是在準備時下了苦功。當有好表現時，跑步的實際過程理應毫不吃力；他要這樣不費勁地跑，才反而會得出最好時間。這個道理放諸四海皆準，作家揮灑自如地創作，往往會寫出最動人的作品；音樂家也一樣，渾然忘我地演出總是最精彩的。

做交易也同樣道理，如果買賣做得好，看上去往往是不費勁的，若是不好的話，你即使多落力也難以扭轉局面。如果身處特別艱難的日子，差不多你每個決定看來都做錯，再努力實際上也於事無補。你大可加倍努力做多些研究，也可以發奮嘗試查找不足，但在做交易的時候你再賣力也沒用。如果你的步伐節奏與市場的不協

調，勉強去做很多時會弄巧反拙、適得其反。那麼如果加大力度仍不足以扭轉劣勢，又有甚麼辦法呢？這等到下一章我們再詳談。

禪與交易的藝術

在我做過的訪問中，有一個很能夠突出好的交易是不費吹灰之力的，但很可惜我未能把這個訪問放入書中。容我解釋一下。

有人會覺得很奇怪，我是如去何遊說書中的交易員，讓他們都同意接受訪問的呢。為消除潛在受訪對象的疑慮，其中一件我會做的事，是在將稿件送去出版社之前，先把寫好的章節給這些交易員過目，同時未經他們同意決不會使用任何內容。我相信這些保證不單會讓更加多人加入，而且他們的回答也會更為放開及坦承。我幾可肯定在過程中若不給他們決定權，最終每個印在書上的答案都會經過他們的自我審查。雖然我這個未經同意便不會出版的承諾，是個很務實的做法，但有時候也會自食其果。我曾經將200頁的訪問原稿，花數周時間撮成一章共25頁，到最後卻被告知不得使用。不幸中的大幸是這只曾發生兩次。

　　其中一次，我做了個訪問，原本打算放進《新市場怪傑》(The New Market Wizards) 裡去的。訪問的內容頗為非比尋常，包括有做夢與交易、預感與交易、禪宗與交易。我全都寫好了，出來的效果自己也很滿意，因為答應過所以便將完稿傳給那個交易員，希望他審閱並同意刊出。隔了一星期他致電給我。

　　「我讀了那篇訪問。」他說，「內容頗有趣⋯⋯」我彷彿已可聽到接下來的「可是」。「可是」，他續說，「你不可以用它。」問題出於他當時剛好決定了，要轉去從事貨幣對沖的顧問工作，並且已聘用一個業務經理負責拓展市場。那個經理在讀過有關夢與交易、禪宗與交易的訪問後，迅速作出專業決定，認為對於他們樹立所期望的企業形象有害無益。「不行」經理說，交易員亦因此拒絕了。

　　不願看著心血全付諸流水，我說，「訪問裡有一個章節包含了相當重要的意義，我不想把它刪除，就讓我採用這一節吧，最多我不公開你的姓名。」他最後同意了，結果成為新市場怪傑書中的其中一章，題為「禪與交易的藝術 (Zen and the Art of Trading)」。在裡面那個交易員問我，「你可曾讀過禪與射箭的藝術 (Zen and the Art of Archery)？」

　　「沒有，我必須承認，我沒有看過。」我答道。

精髓在於你要學懂讓箭自己飛⋯⋯
交易好比射箭，
無論何時要費勁、用力、拉緊、
掙扎或嘗試都是錯的⋯⋯
完美的交易是毫不費勁。

——一個交易員

他繼續一臉認真地說，完全不理會我的隨口附和
「精髓在於你要學懂讓箭自己飛⋯⋯交易好比射箭，無
論何時要費勁、用力、拉緊、掙扎或嘗試都是錯的⋯⋯
完美的交易是毫不費勁。」

如果你是個交易員，你定會參透這箇中道理。

07

不順心時減倉吧

好了，就當好的交易該毫不費勁，但當你在一段長時
間裡都買賣不稱心、事倍功半，那要怎麼辦呢？愈
做就愈錯加上意志逐漸消沉，你又會如何處理？同一條問
題不斷出現在訪問裡，即使是最出色的交易員，也會經歷
過士氣銳減、失魂落魄的時候。市場怪傑對如何度過艱苦
時刻，看法頗為一致，他們有兩個基本建議：

1. 限制你的注碼。鍾斯（Paul Tudor Jones）說，「我
   買賣做得差的時候，便會一直減少持倉。那樣

即使交易做得再差，我的持倉只是極之有限。」
史克達(Ed Seykota)是系統性期貨交易的先鋒，
多年積累驚人的回報。我問他有沒有預先鎖
定數百萬元利潤，以避免發生在李佛摩(Jesse
Livermore)身上的遭遇，他的建議也頗為類似。
(李佛摩是20年代初的有名炒家，身家大上大
落。)史克達指一個較好的做法是「當你在股票
市場上輸錢時應不斷降低風險，那樣你不至於
很快便『輸清光』，並且在財政上及情緒上都能
避免重創。」

如果輸得連信心也動搖了，舒華茲(Marty
Schwartz)便會把買賣規模降至正常水平的五
分一甚至是十分一。「輸得慘烈時」，舒華茲
說，「我只會小注買賣，嘗試逐少、逐少地贏
回來……這招行得通啊。」舒華茲記起在1982
年11月4日，他戶口竟一下子輸掉60萬美元，
他立即縮減交買賣規模，之後改為「密食當三
番」的策略，最終月結時僅蝕5.7萬美元。

我訪問麥凱(Randy Mckay)的時候，他用了20年
時間，把當初的2,000美元，連本帶利增加至
數千萬美元。他在接連輸錢那陣子，注碼會縮

減得更加徹底。「愈輸錢我便會買得愈少」，他說，「我可以由每次交易做多達3,000張合約，一下子降至只有10張，之後才再重頭來過。」他認為如此大刀闊斧地降低注碼，是他交易的致勝關鍵。

2. 停止買賣。有時降低注碼仍嫌不足夠，要打破惡性循環的絕招是住手不再做買賣。馬可斯(Michael Marcus)解釋說，「我想，到最後其實是輸開有條路。當你開始輸錢，久而久之便會觸發負面心理；它會帶來悲觀的想法……當我有一段時間狂輸錢的話，我便會提醒自己，『你不可再買賣了。』」

   丹尼斯(Richard Dennis)起家時手上只拿著400美元，多年後到我們做訪問的時候，已經坐擁估計約兩億美元的豐厚財產，而他都有類似的想法，認為虧損到了某個地步會嚴重妨礙交易員的判斷。他說得更直截了當：「你都已經筋疲力竭了，不如暫且算吧。」

   如果你不停地輸錢，最好的解決辦法不是加注買賣，恰恰相反：停止交易吧。休息一下甚至放一個假，離開前完全平倉或定下一個止蝕

位。休息一下可以中斷輸錢所做成的惡性循環，穩著正在輾轉喪失的信心，到你回來再輕鬆上陣，開始小注買賣，發覺交易再不費勁的話，便可逐漸再增加持倉。

如果你不停地輸，
最好的解決辦法不是加注買賣，
恰恰相反：停止交易吧。

雖然交易員都知道他們正在輸錢，但可能要一段時間才意識到問題有多大，甚至虧損已遠超過可接受的水平。他們通常容許自己就這樣甚麼也不做，讓虧損坐大愈積愈深後，才突然驚覺已經蝕了那麼多。其中一個可以更快認清持續跌勢，及時撥亂反正避免過多損失的做法，便是每日都要留心走勢。馬可斯的建議是，「如果你的股票形勢向下，那便是要先斬纜後再評估的訊號。」

當一切如沐春風

有輸得多的時候，當然也有相反，即是事情發展順利得難以置信的時候，也是要考慮改為小注買賣的時機。在一段財源滾滾的日子過後，舒華茲(Marty Schwartz)也會減少注碼，就像他在大輸特輸時所做的一樣，原因是，「我最大的虧損總會跟在我最大的利潤後面。」

我肯定很多交易員都會有類似的經驗。最慘痛的下場很多時都會發生在風生水起之後，為甚麼會有這個情況，最大的損失一定是在最好的表現之後出現？其中一個解釋是，贏得多便會做成鬆懈，而鬆懈又會導致馬虎草率的買賣。在這些得勢不饒人的時日裡，交易員很少會想到有甚麼地方出錯，更遑論是有可能會出現最壞的情況。再者，表現極出色的同時，亦意味交易員是承受著重倉的風險。而背後的寓意是：如果你的組合差不多每日都創出新高，而同時間你所有交易都賺錢，那便要留神了！正是這些時候你不能過份自滿，並且要格外小心。

08

風險管理的重要

當我問鍾斯（Paul Tudor Jones）他可以給一般交易員最重要的建議是甚麼，他答道，「不要顧著賺錢，要集中精神保住你已有的。」

大多初哥交易員都相信交易成功全賴萬無一失的入市策略，但我訪問的市場怪傑卻普遍認同，資金管理（即風險控制）比選對買賣策略更加重要。如果入市策略（即稍為好過隨機買入）普普通通但有良好的資金管理，你仍可有好表現；但若你有頂級的入市策略，但資金管理卻差勁得很，那最終你很可能會瀕臨破產。不幸地，現實

是大部分初學者放在資金管理上的注意力，跟它的重要性成反比。

> 不要顧著賺錢，
> 要集中精神保住你已有的。
>
> ——鍾斯

投降點與科夫納的斷言

看看市場怪傑如何處理風險控制便很有啟發性。舒華茲（Marty Schwartz）有關風險控制的有效做法，或許是最好的簡潔描述。舒華茲的勸告就這樣一句，「明白你的投降點（uncle point）。」我不知道「say uncle」這個說法是否還流行，但在舒華茲和我還小的時候，叫「uncle」是代表投降的意思。如果兩個小孩打架而其中一個用手臂鎖住另一個，他或會勸降，「叫『uncle』吧」，來代表他的敵人要放棄了。因此舒華茲要說的是

在你建倉前，你要事先定下到了哪一點便要放棄吧，避免跌得太痛而抵受不住。

科夫納（Bruce Kovner）是Caxton Associates創辦人，也是最佳環球宏觀交易員之一，接受我訪問時他已做了10年交易，期間年均複合回報率高達87%。雖然這種回報是沒可能持續的，但他直至2011年退休前成績一直表現卓越。早年他曾因一次輕視交易風險而受重創，一日之間輸掉一半累積的利潤，令得科夫納從此變得敬畏風險控制。（這宗交易的細節會在第17章討論。）

科夫納其中一個最主要的資金管理原則，便是在建倉之前，預先設定好一個止蝕位，即是他看得準的話市場應不會達到該水平。「這個是可讓我安睡的唯一辦法」，科夫納說，「我入場前要知道在哪裡離開」。為甚麼「量出為入」如此重要？因為在決定落單之前，是你仍然完全客觀的最後一刻。你甫下單，頭腦便會失去客觀，變得易於合理化虧損而一味拖延離場。在入場前他便已做好止蝕準備，科夫納確保了有紀律的風險控制策略，在資金管理的過程中避免由情緒主導。

我入場前就知道從哪裡離開。

——科夫納

　　個人而言，科夫納的入場前就知道哪裡離場的說法，我在一次交易中有過深刻體會，亦是我能夠由「淨輸家」變「淨贏家」的轉捩點。諷刺的是，那次交易雖然我一直都覺得是一生人最好的，結果卻是輸錢收場！那時，我已嘗試了幾次交易，而每次都只是小注開始，然後便輸錢了（很多時因為我沒有離場而令虧損一發不可收拾），通常我在等一陣子後便會再嘗試入市。而最關鍵改變了一切的那次買賣是發生在德國馬克，當時歐元還未面世，馬克是當時歐洲最主要貨幣。那陣子馬克在經歷一輪跌浪後，出現了頗長一段時間的區間橫行，我當時認為馬克已在築底，於是開了好倉，靜候向上突破的一日來臨。與此同時，我還在整固區底部開了個取消前有效（good-till-canceled）的止蝕盤，相信只要我看對方向，市場不會跌至新低。數天後，市場卻開始向下，我

被迫在有輕微虧損下進行平倉，但可幸在我離場之後，市場跌勢加劇。換了是以前的話，這種情況我戶口肯定已遭受重創，而非只有輕微虧損。

　　如果要我講出我認為最重要的交易忠告，並且只用10個字的話，我會套用科夫納的格言：入場前要知從哪裡離開。

如何可不定止蝕位

　　防守位、或預先定下止蝕的離場位，例如舒華茲和科夫納的做法，都是風險管理當中的最有效工具。但有很多交易員在執行止蝕時卻用不得其所，結果弄巧成拙直令虧損加深。奧莎（Colm O'shea）是倫敦一個成功的對沖基金經理，他替花旗集團、Balyasny 資產管理公司和索羅斯管理過資產，之後再成立自己的對沖基金 COMAC Capital。他憶述如何因為在執行止蝕時犯錯，而拖垮了自己很早期的一單交易。

　　作為花旗集團新聘請的交易員，奧莎根據英國經濟做了一次基本分析，認為遠期利率所反映的加息預期並不會實現。事實證明他預測極之準確，英國3個月後也未見出現加息，短期利率期貨並且升了一百點子。奧莎

雖然一直看對方向，卻仍要輸錢。究竟奧莎是如何在看對市下輸錢？問題出於他對利率有長線的看法，但買賣卻以短線風險來規範，加上誠惶誠恐地怕會輸錢，結果往往看到價格稍微掉頭便進行止蝕。

這次早期交易教曉了奧莎一件事，就是交易要行得通首先你要能承受足夠的風險。奧莎會解釋止蝕位要如何設置，並比較一下其他交易員實際上的部署。「首先」，奧莎說，「你要決定到甚麼地步才算錯，因那會左右止蝕的應有位置，接下來要計算出可以投入去輸的注碼，再除之以每張合約可接受的虧蝕幅度，最後便得出你持倉水平。而最常見的錯誤就是交易員本末倒置，一開始便往持倉多少來想，到他們感到自己可承受多少痛楚，再定出要止蝕的位置。」

止蝕位放得太近可能也會導致多重損失。對於這些交易員，奧莎解釋，「一到價他們便會止蝕離場，他們都緊守紀律，只是很快他們又會再入市，因為他們不覺得自己有錯。這亦是 2000 及 2001 年，交易員因即日鮮買賣納指而導致損失慘重的原因。他們嚴守紀錄，每日收市前都一定會沽貨離場，但卻不斷重覆犯著同一個錯。」

說到底，奧莎的意思是，設定止蝕位的水平是要

否定你的交易前設，而非根據你甚麼時候才會「痛到入肉」。市場可不在乎你的忍痛極限。

用期權來做止蝕 [1]

雖然止蝕盤是不可多得的風險管理工具，但也有一個缺點，就是當觸及止蝕位後若走勢逆轉的話，便會令投資者在本應能獲利的位置上，卻要無奈蝕損。期權可以用作風險管理工具的另類選擇，以預先設定好的固定成本，避免出現這個令人沮喪的情形。

舉個例子，有個交易員想買股票XYZ，股價現報24元，他最多願意承受2元的風險，最直接的做法是買入股票，將防守位放在22元。（當然如果跌穿22元才有人承價，那麼損失仍會多於2元。）如果股價跌至21.8元後，掉頭反彈至30元，方向沒錯是看對了，但仍要每股蝕約2元。

另一個選擇是，交易員可以買入例如XYZ股票的一年期22元認購期權，這裡我們假設期權金是3元（或是期權的價內幅度加上1元）。如果股價跌穿22元，並在到期日前仍低過22元的話，那麼不論股價跌至甚麼水平也好，損失都只限於3元的期權金。相反，若股價跌穿22

元後，到期權到期日卻已反彈至30元的話，那麼就等於賺了每股5元（到期日價30元減行使價22元，再減3元期權金）。此情形下，放了止蝕盤的交易員每股蝕2元，而買了期權的交易員則每股賺5元（較股價淨增幅少1元）。當然如果股價未須止蝕，放了止蝕位的交易員便「著數/輸少」了1元（所支付溢價超過價內期權金的幅度）。價內期權還有多一個優勢，就是所需資金成本較直接做一個長倉的少。

這樣如果要控制風險，究竟用止蝕位好還是價內期權好呢？答案視乎個人喜好、期權的流通量，及期權在交易時的價格。這裡只是想指出，在某些情況下，價內期權對某些交易員來說，可能是較為吸引的風險管理工具，也因此應視之為止蝕防守以外的另類選擇。

組合層面的風險管理

普拉特（Michael Platt）打理的藍冠（BlueCrest）旗艦基金，其賣點是嚴控風險，13年間回報有超過12%[2]（扣除費用後），而期間基金淨值高低波幅都在5%以內。長年交出雙位數回報而又能控制波幅，BlueCrest是怎樣做到的呢？答案基本上在於組合風險管理的策略

收效，在資金被未撤回之前，已嚴格限定了每位基金經理可虧蝕的程度。每個年度都由零開始重頭計算過，如果有基金經理輸多於3%，便要即時減至半倉，再輸多3%的話，那便要空倉至年度結束。這些風險管理上的硬規定，令每名基金經理一年頂多輸5%。（連續兩次虧損3%加起來虧損會少於5%，事關第2次虧損3%時資產已減半。）

你或許會說，要如此防範最大虧損定必會影響回報，那麼整體年化回報平均是最大跌幅股份的2.5倍，基金又是如何做到的呢？關鍵是3%/3%的風險規限只是針對每年建倉的時候，也就是說，風險管理在鼓勵基金經理要審慎投資的同時，也容許他們若夠一定利潤，也可以增加風險。實際上，基金經理最初可以「拼上」該3%，若該年度的仍出現應計利潤，那便可以避免因虧損而被逼減倉。這個構思好處是在保本之餘，亦因為風險可隨著利潤而追加，可以打開潛在的上行空間。

有交易員可能會借鑒BlueCrest的風險管理策略，來作為一個每年的虧損上限。同時，卻又無礙放開潛在利潤空間。他們可選擇適合自己的虧損水平，作為降低風險及停止交易的界限。

錯了便急急抽身

市場怪傑都有一錯便急急抽身的本能。我訪問過柯恩（Steve Cohen），他是 SAC Capital 的創辦人，亦是全球最成功的交易員之一[3]，他告訴我一次錯得要命的交易。「我169元沽空一隻股票，該股業績出來表現無可挑剔 —— 完全是壓倒性地好！我不惜在收市後交易時段高位離場，在187元平倉。到第二天該股高開197元，我很感恩在昨日收市後交易時段已經離場了。」

我問柯恩他是否每次出錯都能夠快速轉身，他回答，「你最好能照做，這並非一場完美的遊戲。我曾對我的交易員做過統計，他們當中表現最好的也只有63%時間賺錢，大多數（SAC）交易員在50%至55%之間，即是說你很多時候都做錯。若認真如此，那你就要肯定損失愈小愈好，而獲利愈大愈好。」

交易員的兩難

這是一道常見的兩難題，很多交易員時刻都會面對：你的倉位並不理想，但你仍很相信那個交易。一方面，你不想已成事實的虧損進一步惡化；但另一方面，

你又憂慮一旦你平倉離場，市場便即時掉頭令你錯失翻身機會。這個矛盾足以令交易員眼見損失加深，卻仍按兵不動。柯恩對於如何處理這種情況，有些很有用的建議。「如果市場逆你意思走，而你不知道其原因，那麼倉位減半好了，你總可再入場的，連續兩次這樣的話，你便套現了四分之三，剩下來的也就不多了。」

　　比起要完全平倉，接受部分損失是較易做的決定，並且能讓你有機會反客為主。但儘管如此，交易員卻大多抗拒分段平倉，因為這樣的話你便肯定做錯了，一旦市場掉頭，那便根本不應減輕任何倉位，再下去當市場跟你的看法愈差愈遠，那就乾脆全部平倉算了。無論如何你都會有些出錯，想要十全十美，只會妨礙交易員考慮逐步減倉的可能，不幸地，很多交易員都想做到100%全中，結果卻是100%超錯。下次當你猶豫不決，要在虧損時平倉好還是咬牙切齒強忍好，記著還有第3個選擇：逐步平倉 —— 就像柯恩指出的那樣，可在同一位置反覆這樣做。

一有懷疑便立即離開，並睡一覺好的，
這招我是萬試萬靈，
第二天所有東西便會清晰起來……
因你還在持倉時，你很難好好思考，
一離場卻又再思緒清晰起來。

——馬可斯

　　馬可斯（Michael Marcus）指出一點，當你對下一步思前想後時，離場往往是理清思緒的最好方法。「一有懷疑」，他說，「便立即離開並睡一覺好的，這招我是萬試萬靈，第二天所有東西便會清晰起來……。因你還在持倉時，你很難好好思考，一離場卻又再思緒清晰起來。」而馬可斯這個當局者迷、旁觀者清的觀察，正好與科夫納入場前知道如何離場的「量出為入」忠告，相互呼應。

能避免重大損失卻被忽略的理由

很多人都知讓虧損沒必要地加深的直接惡果，可是有另一樣沒那麼明顯、卻也會帶來不良影響的。嚴重的虧損會對交易員做成心理陰影，並因而錯失賺錢機會，對於股票勁蝕時反應，普拉特說得精彩：「你覺得自己像個白痴一樣，根本再沒心情去理任何東西，即使有隻大象就在你旁邊經過，但你的槍卻原來沒有上膛。你會很驚訝為何這種光景老是常出現，既然落場玩，你也希望在大好機會出現時自己也在場，這就是人生的八二原則，有8成利潤其實是來自你2成的想法。」

不是做火箭研究

資金管理無須複雜，雖然這題材的書多的是，但我深信簡單一句話便可以讓你有9成把握做好。

Mint Investment是1980年代最大最成功的商品交易顧問機構，由海特（Larry Hite）擔任聯合創辦人，他很清楚公司最重要的策略是甚麼：「在Mint我們首要記住的是：任何交易風險佔資產永遠不多於1%。」你可以明白到：有效的資金管理就只有這麼一句。海特解釋，

「限制只冒險1%，那任何交易的損失我也會無動於衷。」這個簡單的規定是有效的，因為可局限了任何單一買賣可做成的損害。你可能仍會輸錢，但卻仍可留低繼續玩下去，不會因為犯一次或幾次錯便被迫離場 ── 很多交易員都試過這種慘痛經歷，即使是那些做好準備才入場的也一樣。

　　其實1%限制也不是甚麼秘技；你可以定0.5%又或2%，又或者按照你自己策略而定，重點是每單交易都有嚴格的止蝕位，有效的資金管理不是講求有多複雜，更重要的是紀律。只要你有紀律的話，再簡單的風險控制措施也能收效。

09

嚴守紀律

當我問市場怪傑他們與大部分交易員有甚麼不同，我聽得最多的回答是「紀律」。做買賣時要守紀律這一條可能你已經聽得夠多，到了一個地步即使我現在再說你也聽不進去。規則總是刻板易被遺忘，相反，故事因為可以引起興趣而讓人留下印象，所以與其重覆交易要嚴守紀律這句話，倒不如講個有關紀律的故事，希望下次你就快喪失紀律時會猛然醒起。在做過有關紀律的訪問中，要我選出最喜歡的一個，便要數麥凱(Randy

Mckay），他是個隨心出發（discretionary）的交易員，靠買賣貨幣期貨展開其職業生涯。

麥凱喪失紀律時

麥凱的職業生涯開始得好像很倒霉，他在1968年輟學 —— 因為缺課而6科不合格，而1968年也正值越南戰爭形勢最險峻的時期，在不可再暫時停學之後，他最終應徵入伍海軍陸戰隊，（雖然海軍陸戰隊正常是很少徵兵，但在1968年正好就有兩個月召集了小部分人。）當他在1970年回國，他那位在芝加哥商品交易所做經紀的兄弟，幫他找到一份在交易大堂當跑腿的工作，讓他可以早上打工，從傍晚到晚上便回學校重拾書本。

麥凱當時並沒打算要做交易員，但在他1972年學院畢業時，芝加哥商品交易所正好要增設一個部門，負責買賣貨幣的國際貨幣市場部（International Monetary Market，IMM）。由於當時該部門正要壯大規模，增加貨幣期貨合約交投，芝加哥商品交易所甚至免費向全體會員提供職位，由於麥凱的兄弟不需要該空缺，便問麥凱說你要不要用一下試試看呀。當年貨幣期貨交易尚算新興事物，買賣兩閒，交易員都寧願在交易大堂下棋或

閱報。麥凱覺得自己掌握了些交易竅門，他第一年已初嘗成功的滋味，往後數年也愈賺愈多。

為令故事來龍去脈更加清楚，很重要的一點是麥凱是個極守紀律的交易員，最明顯的例子，是1978年11月美國推出美元拯救計劃後，他是如何應對收拾局面。當時美元兌其他主要貨幣長時間拾級而下，之後到了11月某個周末，當時主要貨幣兌美元都升近高位，卡特政府宣布推出支持美元措施，殺市場一個措手不及，觸發外幣急挫。

當時麥凱重手做了英鎊長倉，在星期一早上，英鎊期貨已經低開跌停[1]，跌幅達600點，但在銀行間同業市場中仍可自由交易，買賣兩邊一直在對價。麥凱即時通過銀行間市場平倉，當時跌幅更達1800點，相當於期貨市場中3個跌停。

我問麥凱，「最慘烈的情況下，期指因突發事件跌停，而現貨市場再跌至相當於期指數日跌停的水平，那樣的話立即平倉離場會否較為著數，抑或等到期指開市可以自由買賣後才再作反應？」

當我在市場有損傷，我就死命都要離場，
無論如何我都要走，
因為我相信只要你受過傷，
再做決定時會遠不及沒事時客觀。

——麥凱

　　麥凱答得斬釘截鐵，有關交易紀律的問題他沒半點含糊。「我跟隨的一套原則，根本就不容我作出那個決定。」他說，「當我在市場有損傷，我就死命都要離場，無論如何我都要走，因為我相信只要你受過傷，再做決定時會遠不及沒事時客觀。所以即使當天高收1,800點也好，我也不屑一顧。明知市場狠狠地逆著你意思走卻仍不閃避，遲早都會招架不住。」

　　這宗交易是麥凱到那時為止的最大損失，代價150萬美元。我問他當時有甚麼感受，他說沒有後悔，「只要你仍有持倉」，他說，「就會變得好焦慮，但到你一離場，就會開始忘記。如果還卡在腦裡揮之不去，就根本沒法子買賣。」

　　顯而易見，麥凱是個有紀律的交易員。那好，那現在我們就快速跳後10年，去看麥凱「倒數第2次的交易」。到他最後一次買賣，麥凱照計要迫近5,000萬美元的賺錢目標，可想而知，倒數第2次的交易理應是送他上壘，好等他最後一擊便能成功達陣得分，可惜最後卻事與願違。那次交易涉及一個加元長倉，注碼頗大，當時加元已經突破了80仙的心理關口，麥凱很有信心會再上層樓，當市場走勢一如他預期時，麥凱還順勢加注，最終累積了2,000張長倉合約。

　　正好麥凱那陣子在牙買加建房子，他每隔數周便會飛往當地督工。一個星期天晚上，在他準備趕往機場往邁阿密前，麥凱停下來望一下報價，他只關心一欄：加元。他望著報價，突然整個人嚇得呆著了，加元匯價跌了整整100個點子！他那時已經遲了出門，豪華轎車在外面等著他。加元在深夜時段升跌哪怕是20點子已經很少見，更何況是100點子；那一定是報錯價，麥凱心想。他斷定市場真的沒有異樣，百位數是報多了一個位之故，有了這個理性化想法，麥凱便直奔機場。

　　結果是當晚報價沒擺烏龍，加元那時跌了100點乃千真萬確，而且到了第二天早上，已較前一個星期五國際貨幣市場收市低出150點子。背後的原因是，當時距

離加拿大大選1個月，民調顯示自由黨候選人 — 主張極端政綱包括支持魁北克獨立、但選情一直被看淡只可能陪跑者 — 竟收窄了大部分落後的差距。一夜之間，選情逆轉，由一場例行公事變成激烈對決。

禍不單行的是，雖然工程已基本完成，讓麥凱可暫居於新屋，但問題是電話線仍未駁好，我們是在說未有流動電話的年代，麥凱便只好驅車往最近的酒店，排隊打付費電話。到他能接通交易大堂的時候，他的加元倉位已經下跌300萬美元，由於幅度過大，他最終只平了兩成倉位。豈料加元跌勢未止，數天後麥凱再多蝕700萬美元，事已至此，到他知道虧損有多深時，他吵嚷著吩咐幫他落盤的職員，「全部幫我走掉吧！」

經驗如此豐富的交易員，卻仍會一下子將紀律拋諸腦後，以為意料之外的急跌是因為報價出問題，而非真實發生 — 怕耽誤了飛機而心存僥倖也有關係 — 結果付出700萬美元代價。令人嘖嘖稱奇的是，市場真的連一秒鐘的疏忽都不放過，下次當你發現有這麼一刻想鬆懈時，違反自己交易或風險管控的規則，就回想麥凱的故事吧。

10

不要盲目跟風

成功的交易員都行事獨立，這點不會教人意外。對此馬可斯 (Michael Marcus) 有他的看法。「你要照出自己的路」，他說，「只要一直堅持自己的風格，不論好壞都算到你自己頭上。當你嘗試跟風，通常最後都會兩頭不到岸。」

真人真事

我很多時發現聽取別人的建議和意見，對一個人

只會帶來負面影響。有一次經歷堪稱完美的示範,當我往下去講述這個故事時,你可能會想定是我做了少許改動,令它聽起來更加貼切,因為事情發展太過順其自然,但我可以保證這是一個真人真事。

當我寫好《市場怪傑》後,我在書中訪問過的其中一名交易員 ── 這裡我姑隱其名 ── 會定期打電話給我討論市場走勢。當時我在一家期貨研究公司當董事,此外也會做些技術分析工作。這位交易員很有興趣想知我對不同期貨市場的看法,他這樣做使我很為難,因為他是個比我優秀的交易員,就我所知,可能他打來是要淡化我對市場的看法,那說起來也很合理。

一天早上,這個交易員打電話來,把話題很快轉到市場上,還問我有甚麼看法。他又提到日圓,當時我因為買賣不稱心,大幅降低了持倉,但唯一我仍有強烈看法的便是日圓,「我認為日圓會走低」,我說,「市場在一輪緊密的整固後急跌,以我的經驗來說,出現那組圖後市場很多時會再跌。」

這位交易員隨即向我列舉出58個理由,說明為甚麼我看錯了。這裡超賣、那裡超賣的沒完沒了,「可能你是對的」,我說,「這只是我一己之見。」

即使是超過20年前的事,那些年我就知道不要亂

聽別人意見，但要發生的終究會來：我那天下午要飛往
華盛頓，並會留低好幾天，由於行程緊密，我知道不會
有多少時間看市。我心想，近來手風不順，還剩下一個
重倉，真的要跟我所認識最好的交易員持相反看法——
當時我做出一件最合理化的事——我甚至乎沒空看市？
在有違自己的較佳判斷下，我走去收市後的交易櫃台進
行平倉。雖然我大可做一個防守性的止蝕盤，但平倉可
令我不用時刻留意市場，這個決定非常合理的。

　　看到這裡我肯定你已略知一二，幾天後當我出完差
回來，日圓已低了幾百點，但這裡才是你要相信我的地
方，就在同一天這個交易員竟再來電。雖然我還是頗為
好奇，他會如何看日圓的走勢，因為一輪急跌與他之前
的看法剛剛相反，我當然不會失禮到主動提起了，反而
是他自己説，「你怎樣看日圓呢？」

　　我只好裝傻剛想起我們上次的對談似的，我説，
「啊！對了，日圓，你還看好嗎？」他在電話另一端喊了
出來，「好倉？我看淡呀！」

問題是如果你聽取任何人意見，
不論他有多厲害或精明，
我敢保證最後還是不行。

我並沒提到的是他是個持貨很短的交易員，對他來說即日鮮也算夠長的了，而我做得再短也可能是兩個星期，所以當他跟我談的時候，其實他就看得很牛，想博短線（可以是即市）反彈，但當市場走勢不如他預期，他即時認定自己「估錯邊」，便平長倉轉短倉，並即食200點 ── 而我雖然一直都看對方向，卻一無所獲。問題是如果你聽取任何人意見，不論他有多厲害或精明，我敢保證最後還是不行。聽取別人的意見不會幫你助跑，像馬可斯說的，「你要照出你自己的路。」

11

做有信心的事

當我問鍾斯(Paul Tudor Jones)他會把自己的錢放進自己的基金嗎，他回答，「我85%淨資產都用來投資我自己的基金。」為甚麼如此大部分？他稱，「要放的話我相信那裡是全世界最安全的地方。」要知道這個意見是來自一名期貨交易員。在鍾斯而言，把差不多所有淨資產都放在自己的期貨交易基金，是他可做的最安全投資，這對你會有何啟示呢？這是告訴你，他對自己管理資金的才能，擁有無比的自信。

　　另一名期貨交易員特勞特（Monroe Trout），比鍾斯有過之而無不及，他告訴我，他把95%自己的錢放進自己管理的基金。有部分交易員甚至會自信到一個地步，把自己全副身家都變相投資到自己的投資策略。在布雷克（Gil Blake）早年做買賣的時候，曾於3年內連續把物業加按了4次（他這樣做全因為樓市急升），以增加他的交易資本。我問布雷克對於自己借錢入市買賣有沒有甚麼保留，他回答，「沒有，因為從機會率來看情況很有利，當然我也要克服傳統智慧，因為如果你告訴別人自己是加按去做買賣，將很難獲得他們支持，故沒多久後我都隻字不提了。」

　　大多數人都會覺得，這些交易員把如此多淨資產，放到他們自己的基金或買賣戶口，屬於高風險的行為，但這些交易員肯定不是這樣看。相反就像他們所說的，決定會把如此高佔比的資產投入自己的交易策略，是因為他們視此為安全的投資 —— 反映他們對自己管理資金的策略及能力，是自信滿滿的。

其實，我發現所訪問過的成功交易員，
他們展現得最多的一個特質，就是信心。

　　這個觀察帶出了一個重要的問題：究竟這些交易員
是因為自信所以帶來成功，還是因為成功所以帶給他們
自信呢？這個雙向因果問題，雖然沒可能確切地回答，
但我相信兩邊也説得過去。當然他們的交易成功會增加
他們信心，但我也相信自信也會推動他們成功。其實，
我發現所訪問過的成功交易員，他們展現得最多的一個
特質，就是信心。

　　要評估你做交易員的話會不會成功，也就是看你
有沒有自信將會成功，只有你自己可以決定你有多大信
心。那你又如何知道自己是否夠信心，去做個成功的
交易員？根據我做過的訪問，我只能説到時候你便會知
道，如果你仍不肯定，就表示你仍未準備好，那你便要
有自知之明仍未有絕對自信，投放資本時要格外審慎。
如果要四處打探尋求別人意見，便顯出你信心不足。

12

挫敗是遊戲一部分

挫敗是遊戲的一部分與信心息息相關。以下將會以拉琦克(Linda Raschke)作為例子解構這個道理。拉琦克起初當大堂交易員時可謂一帆風順，但一次騎馬意外令她要離開交易大堂，轉到一個辦公室內做買賣。即使告別交易大堂，拉琦克多年來一直繼續無往而不利。

在我們訪談中途，拉琦克說，「我永遠不會為輸錢而感困擾，因為我知道總有一天會賺回來。」表面上，這聽來像是個既自大又自負的說法，但這不是拉琦克的

本性，她並非要自誇交易做得有多好。實際上拉琦克真正想說的是：「我有一個我明知到長遠會贏的方法，過程中是會有些損失，可我現在輸的之後會賺回來，只要我堅定不移努力不懈去做，我最終還是會後來居上的。」她是說挫敗是過程一部分，交易員要成功的話便得明白這道理。

現在，
如果在交易未開始前你深信最終可勝出，
那麼有些少挫敗就沒甚麼大不了，
因為你知道
這是通往最後勝利的一段路而已。

我在《市場怪傑》一書訪問過撒普（Van Tharp）醫生，他從事心裡學方面研究，其中包括分析長勝和屢敗兩種交易員有何不同。撒普醫生列出了頂尖交易員數個深信不疑的想法，其中兩樣直接與本章有關。首先，他

們相信在市場上有損失是沒甚麼大不了；其次，他們在
交易前已相信自己可勝出。現在，如果在交易未開始前
你深信最終可勝出，那麼有些少挫敗就沒甚麼大不了，
因為你知道這是通往最後勝利的一段路而已。

虧損交易員的合理化

　　舒華茲（Marty Schwartz）形容他由輸家變贏家的蛻
變過程，便是要去接受挫敗是遊戲一部分。他說，「正
在虧損的交易員可以有多理性化？『我平手便會離場。』
為甚麼平手離場也如此重要？因為這保護了自尊。當我
說得出『自尊你去見鬼吧 —— 賺錢重要得多啊。』那我便
可成為一個常勝交易員。」

　　如果你打和離場，你大可說，「我沒有錯，我並沒
犯錯。」但正正就是這個不要做錯的想法令人輸掉，因
此諷刺的是，業餘交易員因想避免輸錢而輸錢，相反，
專業交易員都明白要贏的話他們便要接受一定損失，他
們明白接受損失在交易過程中是必不可少，買賣要有斬
獲，你便要明白挫敗是遊戲的一部分。

四種交易 [1]

大多數交易員都以為交易有兩種：賺錢的和輸錢的。但其實可分為四種：賺錢的和輸錢的，再加上好的和差的交易。勿將賺錢和輸錢的交易，與好和差的交易兩者混為一談，好的交易仍可輸錢，差的交易卻也可贏錢；好的交易是反覆照著做幾次之後會帶來利潤（在可接受風險下），雖然每次做的時候都可能輸錢。

例好我提出對賭擲毫，用你覺得公平的方法（由你來擲你的硬幣）：「公」的話你給我100美元；「字」的話則我給你200美元，你同意並擲毫，結果公那面向上，這注下得差嗎？非也，這是個好注只不過你仍要輸錢，但如果我們不斷重試很多次，你的回報應該非常不錯才對，第一注雖則是輸了，但仍是正確的決定。同樣地，輸錢的交易若出於計算過是有利可圖的，那仍是好的交易，因為如果不斷重覆的話，最後仍會有錢賺。

交易關乎到機會率。即使在最好的交易過程中有時還是會輸錢的，也無法預知哪次買賣是賺錢的。不論是賺抑或是蝕，只要是在過程中一直帶來優勢，便仍算是好的交易，因為類似的買賣若反覆再試的話，平均而言仍是贏多輸少的。相反，交易若形同賭博那便屬於壞的

交易，因為不論勝負，這種交易長遠都是輸錢的居多。
要用博彩作比喻，落注於多人贏的角子老虎機，仍是個
差的賭博（即買賣）策略，因為長賭下去輸錢的機率會
增加。

願意去輸

　　你不願去輸的話便無法去贏。科夫納（Bruce
Kovner）就說過，馬可斯（Michael Marcus）教過他的東
西裡面，最重要的一樣是「你要願意不斷地犯錯，這並
沒有甚麼問題。馬可斯教曉我要做你最好的判斷，若錯
了，便做第二最好的判決，再錯，便做你第三最好的判
斷，之後你的錢會翻一番。」

13

耐性是重要的修行

當被問及一般交易員的錯處時，早於電子交易大行其道前，已是國債交易大堂中最大的個人交易員的包得文（Tom Baldwin）答道，「他們買賣得太多了，出入價位根本未經過精挑細選。當他們眼見市場已在動時，就想也要有所行動了，結果是迫使自己交易多於耐心地等候。耐性是很多人都欠缺的重要因素。」

古老的智慧

在談及有關交易的書當中，或許最有名的便是勒菲佛（Edwin Lefevre）著的《股票作手回憶錄》（*Reminiscences of a Stock Operator*），雖然出版已經是1923年的事，但難得到90年後的今天卻仍未覺脫節。而這本帶敘事性質的人物傳記，主人翁被廣泛認定是李弗摩（Jesse Livermore），書中仔細地描述了一名交易員的操作思維，令我記起35年前初次捧上手讀的時候，仍有很多人誤以為勒菲佛是李弗摩的筆名。

有整天到處做錯事、徹頭徹尾的傻瓜，
但華爾街也有自以為時刻都要交易的傻瓜。
——勒菲佛《股票作手回憶錄》

《股票作手回憶錄》提到，「有整天到處做錯事、徹頭徹尾的傻瓜，但華爾街也有自以為時刻都要交易的傻

瓜。」書中再另行解釋究竟是甚麼力量，能鼓動交易員每天都要買賣，以及這種思路的後果：「在不理當前市況而希望不斷作買賣，是令華爾街出現過很多虧損的原因，即使在專業交易員之間也一樣，因為他們覺得每日都要有錢落袋，像是他們的固定薪酬一樣。」意思已很清晰：你要耐心等待真正的機會，並抗拒時刻都做買賣的誘惑。

耐性大師

我訪問馬可斯（Michael Marcus）時，他直指史克達（Ed Seykota）是影響過自己最深的人，引導他成為一個成功的交易員。史克達是期貨系統化交易的先驅之一，並一直取得可觀的複合回報。他的其中一個戶口，1972年開始時有5,000美元，到我訪問他的1988年，已經增加了2,500倍。

馬可斯從史克達身上學到最重要的便是耐心。馬可斯憶述：「有一次，他做淡白銀而市場亦不斷往下，半個便士、一個便士日日向下。但其他人似乎都看得很牛，認為白銀無論如何都要上升，因為已經跌得夠低殘

了，但史克達不為所動繼續做淡。他說，『趨勢還在向下，我會一直做淡直至趨勢改變為止。』我從他在跟隨趨勢這方面學到了要耐心。」

到我有機會訪問史克達，他桌上沒放報價機使我很意外，便問他個究竟。史克達帶點嘲弄地答道，「放報價機就像放角子機在桌上一樣 —— 你變成要整天服侍它，我會等到每天收市後才收集價格數據。」根據每日的價格數據，如果交易條件被觸發的話，史克達的系統便會發出買賣訊號。史克達甚至不欲知道即日的市場走勢，因為這只會被誘導入市，令買賣次數較自己的交易理念更為頻密。太著意股價逐格跳動會帶來雙重危機：一會引致過度買賣，二即使市場稍為逆轉，也會增加要過早平倉的機會。

無動於衷的力量

買賣基本概念是要等待入市的機會出現，同時亦要抗拒不斷買賣的意欲。羅傑斯(Jim Rogers)就強調要有很強信念才買賣是很重要，「任何人都學到的投資規條之一」，他說，「就是甚麼也不做，一件事都絕不做，除非有些事情是要做的。」

當我問羅傑斯都是等到萬事俱備才開倉，抑或有時也會靠自己對股價跳動的感覺來做買賣，他答道，「照你剛才的講法去做很快便要人接濟了。我只會等到錢都跌到角落裡才過去檢的。」換言之，除非交易像是在地上檢錢一樣穩入口袋，否則他寧可甚麼也不做。要等如此理想的機會，便要練成即使有很多非絕佳交易仍眼看手勿動的耐性。

這個不需多做買賣的想法，也是葛林布雷 (Joel Greenblatt) 所提倡的。他是高譚 (Gotham) 資本的基金經理，那是個「事件主導型」(event-driven) 的對沖基金。10 年運作期間 (1985-1994)，高譚錄得平均複合年回報率達 50% (計入表現費前)，最差一年也有28.5%收益。葛林布雷最終要把高譚資本結束，是因為資產擴張到一個地步開始影響到回報表現。經過一段短暫僅以自營資金交易後，他重投資金管理行業，並且改用價值投資策略，以累積更加多資本。

在華爾街沒有三振出局這回事。

——巴菲特

　　葛林布雷多年來都在哥倫比亞大學商學院任教。在我們的訪問中，他引用在課堂上有學生提出，因為科技急遽變化、產品日新月異或其他因素，而令到盈利前景難以估算的公司，他們應該如何去分析呢。葛林布雷乃巴菲特的忠實支持者，也引用巴菲特的至理名言來建議他自己的學生，要怎樣應付一個如此難搞的投資處境。「我叫他們跳過那家公司，找過另一家他們懂得分析的公司，知道自己不懂些甚麼是十分重要的事。就像巴菲特所言，『在華爾街沒有三振出局這回事。』球投過來你想看不論多少遍也可以，直到你看準了才揮棒擊球還未遲。」

　　德布西（Claude Debussy）說過，「音樂處於音符之間的地方。」我們也可以說成功的交易存在於交易之間。就像沒彈奏的音符對音樂也很重要一樣，沒做的買賣對成功交易也很重要。戴利（Kevin Daly）是我在《新世紀

金融怪傑》(*Hedge Fund Market Wizards*) 一書中訪問
過的股票交易員，他給了一個完美的例子。雖然技術上
來說，戴利是個長短倉操作的基金經理，但短倉佔他資
產很小一部分 —— 多數維持在佔資產管理規模（AUM）的
單位數，因此這樣一來，戴利是個較偏向於只做長倉、
而多於長短倉操作的股票經理。戴利在1999年推出他的
基金，距離後來2000年初股市見頂，只早了約半年時
間，對一個旗下組合以做長倉為主的基金經理而言，明
顯是出師不利。儘管已失去先機，但到我訪問戴利時，
他在11年間已經取得872%的累積總回報，而期內羅素
2000指數只升了68%，標普500指數實際上還跌了9%。

　　戴利是如何做到在股市近乎橫行，單靠營運一個長
倉為主的組合，卻仍取得如此驕人回報的呢？答案部分
是因為他極擅於揀選跑贏大市的股份，但最重要的是他
做到在市況轉差時，緊守紀律增加手持現金，讓他側身
避過了兩次大型熊市的沖擊。在標普500指數分別經歷
兩次熊市，蒸發了差不多近半市值後，戴利的基金高低
位波幅僅一成。就是一動不如一靜，所以沒令他受到大
虧損，亦足以為戴利大大增加累積回報。而要得出這個
佳績，就須在2000至2002年間的熊市，一直維持相當低
的持貨，當中所要求多大的耐性是可想而知。戴利的忍

耐力及忍手未有加大持倉令他與其他交易員分出高下。

威斯坦(Mark Weinstein)是我在《市場怪傑》一書中訪問過的交易員，他用一個動物王國的比喻，來解釋耐性與好的買賣之間有何關連。「我交易也不會輸得多，因為我會一直等到最準確的一刻……雖然獵豹是世上最快的動物，在平原上可以輕易捕捉任何動物，但也會等到目標肯定成為它囊中物才行動。它可以整個星期匿藏在草叢中，只為等一個時機出現。它會等一頭幼小羚羊，還希望來一頭瘦弱跛腳的，並且只有等到萬無一失時才施襲，對我來說專業交易也應如此。

就像前面這個例子所述，市場怪傑都耐心地靜候，在能夠吸引他們的交易機會出現前，對任何事也都無動於衷。切記如果條件還未成熟，又或風險回報的取捨並非足夠有利的話，那便稍安毋躁，千萬別因沒耐性而要有所行動，做出不明智的交易。

無動於衷知易行難，因為這等於要扭轉人類要做多些買賣的本性 —— 因為交易本質上也會令人「上癮」。艾克哈特(William Eckhardt)是個既資深又成功的交易員及期貨買賣顧問，同時也是德丹尼斯(Richard Dennis)的前合夥人，二人聯手訓練一組被稱為「海龜(Turtles)」的期貨交易顧問。他解釋

為何買賣會讓人上癮，「當行為心理學家比較不同增強方式（reinforcement schedules）的相應上癮程度（addictiveness）時，他們發現間斷的強化方式 —— 正增強與負增強隨機出現（例如老鼠不會知道摸到桿子時，會有食物掉下來抑或還是會受到傷害）—— 是所有選擇中最令人上癮的，甚至超過於只得正增強的方式。」

坐著的智慧

耐性不只入場買貨時必須，沽貨離場也頗考定力。我們再次引述《股票作手回憶錄》（*Reminiscences of a Stock Operator*）一書，「從來都不是我的想法為我贏大錢，相反總是靠坐貨。明了？我牢牢坐貨！在市場上要做得對是沒有秘訣的，你在牛市見盡一早已看得很牛的投資者，熊市也滿街一早看得夠熊的人，我也認識很多在適當時機有適當看法的人，而……他們卻沒因此賺大錢。既看對形勢又能夠坐足全場的人，畢竟少之又少。」

這個我稱之為「坐著之重要性」的題目，在我其他訪問中也有提及。艾克哈特也是支持者之一，他說「賺錢的人是不會破產的」是最誤人子弟的投資格言，「這才真令很多交易員傾家蕩產」，艾克哈特說，「業餘的

投資者是因為蝕大錢，而職業的卻是為了小小的利潤而出事。」問題在於，艾克哈特解釋，人性都希望盡量放大賺錢的機會，而多於所獲得的利潤本身。艾克哈特相信，渴望增加贏出交易的次數，變相令交易員急於把有錢賺的買賣平倉。實際上，交易員為了要贏多輸少，都會留很多很多本錢在桌上，也因此大幅減少了他們的總收益，他們為的只是提高他們的勝出率 —— 一個被誤導及百害而無一利的目標。就像艾克哈特所言，「交易的成功率是最不重要的數字，甚至可能與表現成反比。」意思是，你用無論甚麼方法也好、買賣的時間無論長短也好，如果你要在應付輸錢的交易之餘，仍會有一定斬獲，那你便要讓好的交易繼續做下去，直至見到合理的預期成果為止。馬可斯詞簡意賅，「如果你不留住贏錢的買賣，你便很難去負擔那些輸錢的。」

　　總言之，耐性是一個交易員最要緊的修行 —— 在入場時及離場時也一樣。

14

學懂靈活變通

忠心是重要的個人修為 ── 對家庭、朋友和寵物也一樣，但不適合交易員。對一個交易員來說，忠心是可怕的修行，作為交易員，忠於任何一個想法或倉位的話，都可以帶來災難。不忠心也就代表有彈性 ──當確定的時候夠膽全盤推翻。這也是當馬可斯（Michael Marcus）被問到與其他交易員有何不同時他所指出的一點。馬可斯解釋，「我抱很開放的態度，願意納入一些情感上很難接受的資訊……當市場逆著我意思走時，我總可以說，『我也很希望這個倉位能夠賺很多很多錢，但最終卻行不通，所以我便離場。』」

「市場在告訴我做錯了」

2009年4月，市場正為2008年底及2009年初的金融海嘯善後，奧莎 (Colm O'Shea) 對市場仍感到相當悲觀，並且按此想法部署。「可是，」奧莎說，「市場在告訴我做錯了。」奧莎描述他當時的思路：「中國正在打翻身仗，金屬價格不斷推高，澳元也在向上。這告訴我甚麼呢？世上有地方正在復蘇……因此，我不可再死抱著全世界都沒有希望的想法。有甚麼假設會切合實際環境呢？現在看來亞洲其實也很不錯，一場由亞洲主導的經濟復蘇正在進行中。」

在確認看錯市後，奧莎便很快放棄原先的想法了。抱殘守缺只會帶來災難性後果，因為股市及商品市場隨後便觸發了一個多年的升浪。憑著靈活應對，早早承認錯誤解讀後市，並且扭轉自己對市場方向的看法，奧莎結果取得豐厚回報，即使他當初是完全看錯市。

奧莎舉索羅斯為靈活變通大師。「索羅斯，」他說，「是我見過最少會後悔的人……他對任何想法都不會感情用事，一旦交易出錯，他會結束了便算，去找下一單，做些其他事情。我記得有一次，他有個很大的外匯倉位，單是一日就賺了好像2.5億美元。當時他還就

此向財經記者侃侃而談，聽起來就是他的主要策略似的。但之後市場逆轉，他的持倉亦隨之消失，像沒存在過一樣。

鍾斯的逆轉過程

為了訪問鍾斯 (Paul Tudor Jones)，我分開兩個星期去拜會他。第一次訪問時他對後市看得非常淡，並且大舉做空標普500指數。到了第2次見面，他的看法出現戲劇性變化。市場未像他預期般一跌再跌，令鍾斯認為自己的看法有問題。「市場沽盤已盡出，」我再次造訪時他鄭重地宣布。他不但放棄了原本的淡倉，更反手轉做好倉。這個短時間內來個180度華麗轉身，正正體現了鍾斯交易時極度彈性令他得以成功。事實證明他「棄暗投明」時機準確，因為市場在接著數周便急彈。

被殺個措手不及

當歐洲央行大出市場預料宣布加息時，普拉特 (Michael Platt) 正大手持有歐洲利率期貨長倉，這當然是個嚴重打擊，但普拉特當時仍毫不知情，因為事發時

他正身處倫敦飛往南非的飛機上。飛機一著陸他便收到
公司電話，助手告訴他發生了甚麼事及問他要怎樣做。

「我們輸了多少？」普拉特問。

「約7,000至8,000萬美元。」他助手回答。

普拉特分析道，如果歐洲央行展開加息周期，即是
加息還會陸續有來，他彷彿已經看得出來了，若然還不
果斷立即採取行動的話，不消一個星期他便會輸掉2.5
億美元。「全部拋出！」他吩咐助手說。

當我錯了，我唯一的直覺是離場。
如果我沒有這樣想，
這將會是一個真正的錯誤，
那麼最後我很可能不是唯一一個感震驚的
人，所以我想還是第一個去沽會比較有
利。我更加要不問價去沽。

——普拉特

評價那次經歷，普拉特說：「當我錯了，我唯一的直覺是離場。如果我沒有這樣想，這將會是一個真正的錯誤，那麼最後我很可能不是唯一一個感震驚的人，所以我想還是第一個去沽會比較有利。我更加要不問價去沽。」

從最錯的交易中活著

要數我遇到過最不忠於持股的例子，或許便是德魯肯米勒 (Stanley Druckenmiller)，他的對沖基金杜肯資本管理 (Duquesne Capital Management)，在25年間錄得平均年回報約30% —— 肯定是史上最佳的長期紀錄。我們要說的這個故事，發生在1987年10月16日，如果你一時仍想不起那天有多重要，我會給你一點提示 —— 那是個周五。

那時，德魯肯米勒除了自己的杜肯基金外，亦有為德雷福斯 (Dreyfus) 管理多個基金。德魯肯米勒在那個周五前是淨短倉，很多人都已經忘記1987年10月19日的股災其實並非是突然冒出來的事件。其實在那天之前，市場已經由兩個月前開始累跌約20%，單是之前一周就急挫了9%。1987年10月16日，周五下午，德魯肯

米勒斷定市場已跌得夠深了，並且到了他認為的主要支持位，所以他決定平掉淡倉。是做錯了，對嗎？實際上情況還要差得多，因為他平淡倉不特止，更反手轉做淨長倉 —— 大舉建長倉。事實上，德魯肯米勒單日由淨淡倉變成130%好倉（即是用槓桿做了長倉）。

過往每當我在講座上說到這一幕，我總會問現場觀眾他們可曾犯過更為嚴重的交易錯誤，後來我都不再問了，因為你不會做出一個比起在1987年10月16日，由淨短倉轉為以槓桿做長倉錯的如此慘烈的交易。

但若撇開這個不談，當你一看德魯肯米勒的投資往績，便會赫然發現1987年10月只錄得中度的虧損。怎可能這樣呢？首先，前半個月德魯肯米勒因為做淡所以是贏錢的，現在開始才是重點，周五收市後至周一開市前，德魯肯米勒已知道自己闖下彌天大禍，但這也並非致命傷，原因已詳列在《新市場怪傑》(*The New Market Wizards*) 一書中。而最慘的是，德魯肯米勒在知道自己反手做好倉是犯大錯後，決心要在周一早上清倉，但問題是周一開市時已大幅低開，那德魯肯米勒怎做呢？他在周一開市後一小時內，即時把新開的好倉全部平掉，這還不止，他還重新變回淨淡倉！試想一個交易員要有多大的異心，才會這樣先是一改初衷反手大舉建倉，但

在自己改變主意後因為市場逆走，又在翌日「反上反」
再建多一次倉。

當出色交易員相信自己錯了他們便會平倉；
偉大的交易員知錯能改更加會反手再建倉。

　　當出色的交易員相信自己錯了他們便會平倉；偉大
的交易員知錯能改更加會反手再建倉。你要做成功的交
易員，便不可忠於自己的持倉。

從壞主意演變

　　靈活變通，或者不談忠心，在入市時也大派用場，
傑米麥 (Jamie Mai) 在 2011 年開的最大單淡倉就是一
例。傑米麥是科恩華爾資本 (Cornwall Capital) 的基金
經理，這個對沖基金的風險回報很好，並且憑做空成為
次按風暴的大贏家之一，在路易士 (Michael Lewis) 名

著《大賣空》(*The Big Short*)也有詳細介紹。說實在的，我也是讀了路易士的書才注意麥的，這令我有機會在《新世紀金融怪傑》(*Hedge Fund Market Wizards*)中訪問他。

在2011年，麥留意到中國作為全球最大的生產國及最大的煤炭消耗國，已經由煤炭的淨出口變成淨入口，而且還愈來愈快。要中國的煤炭出口由1億噸降至零要等10年，但這個量的入口要增加1.5倍，僅兩年已足夠。麥的第一個印象是，中國煤炭進口增速有加無減，照計會直接刺激市場對乾散貨航運的需求，而這些船公司的估值比起現金流仍相對很低，開長倉的話，似乎是理所當然的。可是私募基金出身的麥，在做任何交易時都會經過深思熟慮、仔細研究才會拍板。待他看得更加深入，便發現新興市場對商品需求的殷切已推高了運費，並且由數年前開始已引發一輪造船潮；而這些新船才剛交付，載運量預計每年增加約20%。麥意識到，即使對來自中國的需求作出最樂觀的預測，乾散貨運仍會出現供過於求。因此很諷刺地，雖則麥剛開始時是看好乾散貨運，但到了最後他卻看淡並且做了反向操作，開了價外認沽期權的長倉 —— 成為他公司年內「最高確信度」(highest-conviction) 的淡倉。

別公開你的市場取態

說得稍為離題一點，你要當心不要去四處張揚自己對後市的預測，因為你若公開說了估計後市走向，假使你是要人佩服你的市場觸覺，你便會傾向按照那個預測去投資。如果出來的股價表現及市場情況，事與願違的話，你便會變得比不公開看法更加堅持己見，你會找無數理由，去支持你原來的構想可能仍是對的。鍾斯（Paul Tudor Jones）也很清楚事先張揚對市場的看法，會隨時對交易做成影響，這亦是他特別關注的地方。「我會避免自己的買賣意向，受到自己對市場作出的公開評論所影響。」

在他早年做交易時，史克達（Ed Seykota）便試過墜入這個陷阱。他跟很多朋友說看好銀價會再上升，但後來銀價卻掉頭向下了，他卻懶理所有指向他看錯市的訊號，說服自己只是暫時出現技術性調整而已。「我就是錯不起，」史克達憶述這一幕時說。幸好他的潛意識最後救了自己，他不斷做同一個夢，有個很大的銀色飛機開始俯衝，眼看定要撞毀無疑了。史克達從中得到了啟示，「我最後沽出仍持有的白銀，」史克達說，「我甚至還做起淡來，那個夢也消失得無影無蹤了。」

15

控制你的注碼

以索普（Edward Thorp）的投資往績，當然足以名留青史。他原來的基金普林斯頓新港（Princeton Newport Partners），在19年間錄得年化總回報19.1%（計及相關費用後15.1%），更令人印象深刻的是回報非常穩定：在230個月中，共有227個月是贏錢的，而表現最差的一個月虧損也只限於1%以內。他第2個基金山脊（Ridgeline Partners），10年間平均年回報21%，年化波幅僅7%。

在他對市場產生興趣之前，索普是個數學教授，專

門研究在不同賭場勝出的方法──一個被廣泛視為沒有
可能達到的技巧。因在明知輸面較大下，應如何搬出一
套令人有必勝把握的策略呢？或許有人會以為數學教授
應該是最後一個花時間在此無謂的研究上。可是索普卻
用上一個完全嶄新的方式，就以輪盤為例，索普聯與被
稱為「現代資訊理論之父」的夏農（Claude Shannon））
創出一個微型電腦，運用牛頓物理學去預測珠子最後會
落入哪一格內。

用廿一點來做比喻，機會較大時加注，
到機會較小就細注或索性不下注，
這樣便有機會將原來輸的都會變成贏的。

　　在廿一點牌局，索普主張機會大的那手牌就要大
注，要較機會小時更重注，這樣就有可能令原先毫無勝
算的一局，轉化成有機會反敗為勝。這個策略對交易有
很重要的意義，不同倉位的注碼會改善表現。用廿一點

來做比喻，機會較大時加注，到機會較小就細注或索性不下注，這樣便有機會將原來輸的都會變成贏的。雖然交易的機會率不像玩廿一點時能準確界定，但交易員很多時仍能分辨出不同交易的機會率高低，舉例說，一個交易員在他夠信心的交易表現會較好，那麼信心有多大便可用作勝出機率的替代指標。假設每次交易都要冒同等風險，更大的風險應該集中於信心較足的交易，不夠信心的交易風險也要應較低。

馬可斯（Michael Marcus）也特別提到，注碼變化是他成功的主要元素之一。他認定當基本因素、圖表走勢和市場氣氛（對消息如何反應）都支持他時，交易便自然會更加順利。他很清楚如果只做3個條件都符合的交易，對自己會較為有利，但這些機會不會老是常出現，用他自己的說法，他「太享受做交易的感覺了」所以總不能一直只靜待著那些機會。「我將交易帶來的樂趣放在我那些條件前面。」他說，也明知這些「非最佳」交易可能會帶來損害。「可是有一個方法能令我獲勝，」馬可斯說，「就是每當有交易符合所有條件，我都會投入比其他交易多出5至6倍的注碼。」

注碼的危險

　　鍾斯 (Paul Tudor Jones) 早年仍在市場當經紀時，經歷職業生涯最災難性的交易。那時他正管理一個綿花市場的戶口，當時最接近結算日的7月期貨合約已處於交易區間一段時間，鍾斯開了一個400張合約的好倉。有天棉花價格跌穿了區間底部，但隨即反彈。鍾斯當時正在交易大堂，想到區間底部的止蝕盤已被觸及，市場會出現升浪。他帶點虛張聲勢地吩咐大堂經紀高追多100張合約，在那時來說是很大的下單，就在同一刹那，持有大部分可交付期棉的公司經紀大叫，「賣出！」鍾斯登時便知道，那公司是想按他持有的7月份合約進行交付，即是意味著7月較下一期貨月(10月)價格高出的400點溢價，很快便會化為烏有。那時他已知道自己站錯邊，只好吩咐他的大堂經紀有多少沽多少，市場隨即急挫，不消60秒就已跌停，最後他剩下大半數倉還未平。

　　第二天早上，市場在鍾斯有機會清倉前再度跌停，結果他要多等一天，才能把剩餘倉位全部平掉，其中部分沽貨價比他心目中的離場位，低出400點之多。

　　鍾斯說問題不在於交易輸了多少點位，而是他買賣的合約確實太多了，單次交易已輸掉他戶口6至7成！提到那次慘痛的經歷，鍾斯說，「我當時完全崩潰了，

還説『我不適合做這份工作；我實在撐不下去了。』我絕望到差不多要退出了……就是那個時候我跟自己説，『死蠢，為何把風險全押在一注上？何不令自己人生不去追求快樂反而在尋求痛苦呢？』」

那次交易所帶來的損失也改變了鍾斯，把焦點轉放在交易可以帶來多少損失，而非賺得到多少。他做買賣時加強了防守意識，永不再為單一交易冒巨大風險。

過度買賣亦是造成災難性交易的主因，也令科夫納（Bruce Kovner）曾在單日內損失了半數累計利潤。細節我們會在第17章再看，但交易本身已向他灌輸了維持輕倉的傾向。科夫納相信大多數新手都把交易做得過大，他建議：「縮減交易、縮減交易、縮減交易……姑勿論你認為自己的倉位該有多少，減至少一半才再算。憑我與新手的合作經驗來説，他們比正常交易多出3至5倍，他們一次交易可能已有5-10%風險，而應有水平是1-2%。」

在我們的訪問中，科夫納提到他訓練過約30個交易員，但當中只有5個能夠成為好的交易員，我問他那些大部分不成功的與那幾個成功的，有甚麼特質去區分嗎。科夫納指出，重要的分別之一，是成功的交易員在正確地考量倉位時都很腳踏實地。「貪心的交易員總是好大喜功。」他説。

倉位愈大，交易決定全出於恐懼，
而非憑判斷和經驗。

倉位愈大，交易決定全出於恐懼，而非憑判斷和經驗。克拉克 (Steve Clark) 是倫敦 Omni 環球基金的基金經理[1]，擁有著強勁的風險回報紀錄。他說交易員要在自己情緒可接受範圍內做買賣，否則，便會很易因無關痛癢的調整而放棄了好的交易，反勝為敗、由贏變輸。據克拉克所說，要判斷是否太重倉有個肯定的方法，便是看自己會不會擔心到驚醒。

塞德勒 (Howard Seidler) 是由外號「海龜」的丹尼斯 (Richard Dennis) 和艾克哈特 (William Eckhardt) 二人訓練出來最優秀交易員之一，他在職業生涯早期就知道，如果交易超出了自己的「可接受範圍將會有何後果。在他做了淡倉之後，市場開始向他估計的方向走，那他便加多一倍注碼，不久市場掉頭向上，不是甚麼大的反彈，但因他剛加了注，塞德勒擔心損失會很大，於是先把追

加的部分平倉，還把開初的倉位也走掉。兩日後，市場正如他最初預期的大跌，塞德勒若維持原本的倉位，便已經賺大錢了，但最後卻因為加注令他變得反應過敏，白白錯失了整個大賺的機會。再談起那次經驗，塞德勒說，「有些教訓是每個成功的交易員都必須受過的，其中一個就是倉位若加大到一個地步，是會令自己畏懼起來的，那你根本沒可能勝出。」

舒華茲（Marty Schwartz）也告誡交易員，千萬別在剛開始賺錢時，便乘勝追擊急於加注。「大多數人都會犯一開始賺錢便加注的錯，」他說，「那是個很快又輸清光的做法。」他的忠告是至少要等到你投入的資本倍增了，才考慮要不要加碼。

踏在加速器上

雖然注碼過大是交易員失敗的最常見原因之一，但有好些時候加注是合理甚至是急需的。德魯肯米勒（Stanley Druckenmiller）就提到，他從索羅斯身上學到其中一樣最重要的技巧，是「你看得對或錯其實並不重要，關鍵是對的時候你贏了多少，看錯了又會輸多少。」他說索羅斯少有批評他所做的，便是當他看對後市卻沒

有把「機會放到最大」。德魯肯米勒用其中一幕做例子，當時他才跟了索羅斯沒多久，那時候美元兌德國馬克是他看得特別淡的，因此做了他自己認為已很大的重倉，而一切都開始得頗順利，德魯肯米勒也自我感覺良好。這時索羅斯走進他的辦公室，談到這項交易上去。

「你的倉位有多大呢？」索羅斯問。

「10億美元。」德魯肯米勒答道。

「這個你也叫它倉位嗎？」索羅斯說得淡然。索羅斯要德魯肯米勒多加一倍注碼，他於是便照做，之後交易得益急劇增加。

德魯肯米勒說，索羅斯教曉他「當你堅信一個交易，便要猛烈一點作出致命一擊，正如做豬也需要勇氣的。」

在德魯肯米勒還未加入索羅斯基金管理 (Soros Management) 之前，就已經聽過這家公司在《廣場協議》(Plaza Accord) 之後的事跡。在1985年，經美國、英國、西德、法國及日本五國同意，推行統一政策將美元兌其他貨幣貶值。在這場會議召開之前，索羅斯一直都重倉日圓，而他公司內其他交易員亦同樣這樣做。在達成協議後的周一早上，日圓高開800點，在索羅斯基金管理公司內的交易員，面對這突如其來的意外之財都一時不知所措，但由於銀碼大得實在太吸引了，部分人便

不理了開始獲利。索羅斯知道後便急急走出來，叫他們不要再沾日圓了，他自己可以接下其他交易員的持倉。德魯肯米勒領略到這一幕背後的道理。「當其他人都在互相道賀，剛賺到了一生人最大筆利潤，索羅斯看得更高更遠。政府剛告訴他美元在翌年會向下，那他不是應該做一隻豬坐享其成，買入更多（日圓）嗎？」

　　讀者們要小心汲取這一節所提到的教訓，重點不是說交易員要肯做銀碼夠大、又夠勇進的買賣，而是當他們有非常確信時，便該敢於加大注碼。

波幅與交易注碼

　　太多交易員在經歷不同市況時，卻維持同樣的倉位大小。可是，若要令風險長時間維持相若水平，那便要因應市況波動驟變而調整倉位。奧莎（Colm O'Shea）記得，他在2008年有時會遇上基金經理，說他們已把風險減半，奧莎聽到後會說，「一半——那也頗多。」這時他們續道，「對，我的槓桿之前是4倍，現在是2倍。」奧莎接著說，「波幅已經升了5倍你知道嗎？」這些基金經理以為自己經已減低一半風險，但經過波幅調整的話，他們的風險其實不減反增了。

相關度與交易注碼

不同倉位之間不像擲毫般，每次會出現獨立的結果。雖然有時會是互不相干，但在其他情況下卻有莫大關連。如果不同倉位之間是呈正面相關的，那麼組合出現虧損的可能性便會增加，因為不同倉位或趨於在同時出現虧損。為防範更大型風險，如果倉位是正面相關的，那持倉便要降低了。

在其漫長職業生涯中用過各種套戥策略，索普發展出一套「趨勢」策略，並且跟著來買賣。我問他是如何大幅跑贏其他同樣是跟隨走勢的行家，他說表現較佳，部分要歸功於按照關連性來執行策略。他進一步解釋整個過程：「我們會用相關度矩陣模型（correlation matrix）來減低關連市場的風險。如果有兩個關連度高的市場，而技術分析是要分別做一好一淡，那便求仁得仁沒有問題。但如果它要同時做好或做淡的話，那我們便只好每個倉位做些少算了。」

16

勿讓情緒影響判斷

艾克哈特（William Eckhardt）相信人類追求安逸的天性，會令他們做出比「隨機交易」還要差的決定。我先旨聲明，你可能有聽過麥基爾（Burton Malkiel）的名句，「一隻猴子蒙著眼，對著報紙財經版擲標亂抽出來的投資組合，表現與專家千挑萬選的組合一樣」。但艾克哈特說的卻不是這個意思，他不是說一隻猴子能做得跟專業基金經理一樣好，艾克哈特是說猴子會做得更加好。

令人感覺良好的事很多時都是錯的。

——艾克哈特

　　好了，猴子又如何做得較好呢？牠們較人類有更佳表現，是因為人類經過進化，會追求安穩逸樂，而市場一般是不會獎賞不勞而獲的。人在市場，貪圖安逸即是看自己心情隨個人喜好去做，艾克哈特說，「令人感覺良好的事很多時都是錯的。」又引用他的前拍檔理丹尼斯(Richard Dennis)常掛在口邊的一句話，「若感覺良好便不要做了。」

　　舉例在市場做甚麼是會感覺良好呢，艾克哈特引用他稱之為「逆勢而為」的做法。低買高賣正合人性執平貨再善價而沽的渴望，若你趁一隻股份跌至6個月低位時買入，你會感覺很好，是因為你較過去6個月也有買這隻股票的人精明。雖然買賣那一刻感覺良好，但對大多數人而言，如此逆勢而為，會是一個帶來損失甚至乎招致災難性結果的策略。

　　艾克哈特用另一個例子來解釋，利潤少的話會不經不覺被消失，受過教訓的投資者學會先行獲利，初時可能感覺良好，但久而久之便會有負面影響，因為這等於放棄了賺大錢的機會。至於第3個例子，艾克哈特說，市場慣於在同一個價位反覆上落，會令人以為只要「持」（貨）之以恒，即使是差的交易，等下去的話終有一天會「返家鄉」。

　　所有這些例子，令人感覺良好的行動──較別人更低位買入、急於鎖定利潤、「死坐」以為可避過損失──很多時都是錯的。自我滿足的需要，會使人做出比「誤打誤撞」更差的決定，這也解釋了為何擲標的猴子會表現較好。

　　一個實證的示範揭示大多數人是如何受偏見所引導，做出一個還差過隨機所做的決定，艾克哈特說了一個故事，是關於德丹尼斯的員工參加了一場利用圖表分析的比賽，要預測幾個市場到年底時的價位。這名員工只是用了所有市場的現價當成是他的預測，就在上百名參賽者中，打入前5名，也就是說，至少有95%或近99%的人，他們所預測的竟然不及瞎猜的。

無意中做的實驗

在其著作《打敗大市的獲利公式》(*The Little Book That Beats the Market*) 中，葛林布雷(Joel Greenblatt) 提供了一個以價值作為基準的股票排行指標，並稱之為神奇方程式(Magic Formula)，這樣叫是要嘲諷一下一向被過份吹捧的市場指標，也用來點出這個指標出乎意料地有效。其實，葛林布雷與他的拍檔古德斯坦(Rob Goldstein) 對於神奇方程式的作用，也嘖嘖稱奇，甚至為它設立了一個同名網站，投資者可以在限定的名單上，根據方程式的價值排名，來挑選出自己想要的股份。他們鼓勵投資者要從名單中，揀選至少20至30隻股票，不要過度集中於幾隻股份。最後網站亦提供一個選項給投資者選擇，就是把戶口改為自動管理，即他們無須自己選股。結果選用這個網站投資的人，只有不足10%，選擇自己挑選股份——即最初網站的原意——而其他絕大部分人都選用假手於人的組合管理。

葛林布雷接著去比較自選組合與托管組合，表現會誰勝誰負。就首兩年平均而言，雖然兩者均按照同一張股份名單來建立的，但托管組合跑贏自選組合達25%，這個差別反映出個人選擇及時機在判斷上有明顯差異。

讓投資者自行決定（選擇股份及買賣時機），對比與投資相同金額在同一份股份名單中的多元化組合，並且未有進行任何買入及賣出動作，發現自行決定的組合糟蹋了所有利潤。

〔投資者〕表現遠不如從我們隨便從預設的
名單上選股，
或許是因為他們避開認為會做成虧損股票，
令他們錯失了部分最賺錢的機會。

我問葛林布雷為甚麼他會認為，投資者在自己進行決定時表現會如此差勁。葛林布雷答道，「他們一輸便縮，當個別股份或整體組合表現一跑輸大市，他們就想要沽貨。表現遠不如從我們隨機從預設的名單上選股，或許是因為他們避開認為會做成虧損的的股票，令他們錯失了部分最賺錢的機會。」試想，這聽來不就是追求自我感覺良好的決定嗎？

葛林布雷無意間做了一次實驗，展現出人類在市場上的決定所帶來的影響，對比一個在預設的名單上選出的多元化股票組合，兼當中未有作任何選股及買賣上的決定；發現若投資者隨意地選股，每隻股票投入相同的資金，再配合買入持有的長期策略，其回報會與猴子在預設的股票組合中隨便擲標選中一樣。葛林布雷無意中所做的測試，已驗明了艾克哈特那個猴子會勝過人類自己做投資的說法。

行為經濟學及交易

艾克哈特把人類偏好與大多數投資者傾向於輸錢兩者相提並論。艾克哈特解釋，「有個長期以來都存在的整體趨勢，股票會由一大班人手中流向一小群人手裡去，久而久之輸的會是大多數。這給了交易員一個啟示，要贏的話你就要像那一小群人，如果你做交易時仍背負著正常的人類習性及傾向，便會墮向一大班人那邊而輸定了。」

艾克哈特的觀察與行為經濟學的發現不謀而合，有關研究已經證實了人類天生是會作出非理性的投資

決定，例如由展望理論 (prospect theory) 先驅康納曼 (Daniel Kahneman) 及特沃斯基 (Amos Tversky) 主導 的經典實驗，一道假設是二揀一的選擇題，肯定會得 到3,000美元收益，以及80%機會可獲4,000美元加上 20%機會一無所得[1]。大多數人會傾向穩袋3,000美元， 即使另一個選擇提供較高的預期回報 (0.80X4,000美元 =3,200美元)。接著，他們把問題反過來問，再給參與 者二揀一，肯定要輸3,000美元，以及80%機會輸4,000 美元加上20%機會力保不失。這次，大部分人卻選擇賭 一把，選擇80%機會輸4,000美元，即使他們明知預期 損失會有3,200美元。這兩個情況，參與的人都作出了 非理性抉擇，因為他們都揀取了另一個會帶來較小預期 回報、或較多預期損失的選擇。為何會這樣？這個實驗 帶出了在人類行為上，有關風險與收獲的精句：人總是 在面對利益時又怕風險，但在避免損失時又不惜犯險。 這個行為學上的怪癖與交易也有莫大關係，因為它解釋 了為何人會慣於讓損失坐大，卻又急於先行獲利。古老 箴言 (但仍站得住腳的建議) 說「讓利潤放大而要果斷止 蝕」，正正就是大部份人都不慣會做的事。[2]

為何連程式盤也會受情緒影響

有趣的是，追求自我感到良好，最終甚至連系統交易（即是程式化、規則主導交易）也會身受其害，這可能有別於一般人理所當然以為，系統是不會受情緒化決定所影響。當交易員接觸系統化交易時，一般都會測試系統的規則，發現過去曾試跟隨系統規則去投資，會帶來十分龐大的股票損失——即使系統長遠會帶來利潤。本能反應當然是修正系統的交易條件，或額外增加條件去改善這些差強人意的過往表現。這個過程可以重複多次，令模擬股份表現的曲線會隨著每次修正而慢慢趨平。實際上，人類的自然傾向是為過往的價格表現，而去完善系統的交易條件，最終經過改善的系統所製造出來的股份曲線就像是一部會賺錢的機器，如此一個高度完善的系統，做起交易來會更為就手，因為說到底，放到過去看它表現是有多完美。

可是，諷刺的是，一個系統愈是去完善以改變它的過往表現，它在未來便會愈難有好表現。問題在於系統得出驕人的模擬成績，都是靠參考以往股價所得出的，但日後的股價卻是另一回事，因此愈是去改變系統規則去遷就歷史價格，系統便愈難去找出將來的價格。人性

追求安逸的天性，再次對交易帶來負面後果——即使是
電腦化的交易。

結論

本章的教訓是大多數人都在交易中輸錢，不單是因
為他們技不如人（也就是他們沒有優勢），而且在買賣
（或投資）時他們傾向做會令自己舒服的決定，這樣卻會
帶來比胡亂投資還差的成績。我們需要警覺到人類的先
天缺陷，是抵受引誘不去做自我感覺良好、但會壞了大
局的投資決定。

17

衝動入市的代價

　　自由徒手攀岩是展示信念的一項運動。自由徒手攀爬好手在攻頂時棄用所有保護裝備，想像一個沒繫繩的攀爬者，在2,000呎上面一幅巍峨聳立的石壁游走，畫面有多驚險是可想而知，任何失手都足以致命。假如你以為任何投入這項運動的參與者，腎上腺素都會急增——那你便估錯了。

　　霍諾德（Alex Honnold）被公認為世上最佳自由徒手攀爬家，他戰績彪炳，包括是首位徒手由西北面壁攀上「半圓頂峰」（Half Dome），那裡是位於美國優勝美地

（Yosemite）國家公園內一幅2,000呎高的峭壁。《60分鐘時事雜誌》2011年10月10日的一集，便有個環節介紹了他。

當時特派記者羅根（Lara Logan）問霍諾德，「你有感到腎上腺素上升嗎？」

如果我感到有湧上來，
那代表情況出了很大問題。

——霍諾德

霍諾德回答，「腎上腺素沒有衝高⋯⋯如果我感到有湧上來，那代表情況出了很大問題⋯⋯整個事情應該是慢慢來的，而且是可控的。」

這個答案放在專業交易員身上也很恰當。荷里活電影把交易塑造成腎上腺素激增並且是高風險的形象，或許是要為了加強視覺官感，但與成功交易真的其實是沾不上邊。

昂貴的快感

海特(Larry Hite)有次與一位因炒爐期指而傾家蕩產的朋友打網球。他的這位朋友一直都不明白，拉里是如何做到只跟隨系統去買賣。

「拉里，」他問，「你是怎樣做到用你現在的方式買賣的？不嫌悶嗎？」

海特回答，「我交易不是為了快感；我交易是為了贏錢。」

福克納(Charles Faulkner)一直有建立模型來研究改良人類行為，並且用來訓練交易員。他告訴我早年有一位客戶，是個非常情緒化的交易員，這位交易員創立了一套成功的買賣系統，可惜他就是無法跟著來用。福克納於是便教他一些技巧，如何把情緒從市場內抽離。起初還真管用，這個交易員跟著系統開始有斬獲。有一天，福克納碰巧與他一起工作，這個交易員幾個小時便賺了7,000美元，正當福克納因解決了客戶問題要要沾沾自喜，這個交易員語氣單調地對他說，「這樣很悶啊。」最終還是受不了。「他已懂得如何進入情緒抽離的狀態，但卻不喜歡留在那裡。」福克納說。市場是個要為追求快感而付上昂貴代價的地方。

志在必得難獲勝

德魯肯米勒(Stanley Druckenmiller)是在1981年，開辦他的資金管理公司杜肯(Duquesne)的，當時其收入來源全靠與德賴斯代爾(Drysdale)證券所簽訂的顧問合約，每月可獲1萬美元。到1982年5月，德賴斯代爾證券突然關門大吉，結果令德魯肯米勒帶來現金流問題。他當時的資產管理規模約700萬美元，每年會帶來7萬美元費用收入，但開支卻要18萬元一年，而公司持有資產僅5萬美元。德賴斯代爾給他的顧問費收入沒有了，他的管理公司要經營下去也捉襟見肘。

當時利率自一年前的歷史高位回落，德魯肯米勒深信利率仍會繼續低走，於是他取出公司全部5萬美元，借孖展倍大槓桿做國債期貨好倉[1]，他這樣做等於是押上整家公司。接下來四天，利率開始上升，讓德魯肯米勒變成一無所有，但命運最愛捉弄人，只是再過多一周，利率竟上升至周期頂部，之後便未有再上過這個高位了。德魯肯米勒是在利率形成主要底部的一周內，買入國庫債券期貨——你很難再找到一個更佳時機了——但仍要輸身家。德魯肯米勒的分析絕對正確，但那交易底下的情緒化因素——過度槓桿以及為挽救公司只好孤

注一擲──注定會帶來失敗。市場很少獎勵一心只求絕
處逢生的交易。

衝動的交易

　　一時衝動的交易可以很危險。當要他們憶述最
痛苦的交易時，市場怪傑很多都用了衝動的交易來
做例子。

　　科夫納（Bruce Kovner）視之為最令他受罪、同時
也掏空他心思的交易，就是源於一次衝動的買賣。在他
剛開始交易員生涯，約1977年，那時大豆出現短缺，由
於供應有限需求又持續強勁，科夫納已預見得到，在新
供應未到來前，大豆市場很快會出現恐慌。為了藉此獲
利，科夫納準備做個高槓桿的價差倉位交易，一邊做舊
農作物7月合約的好倉，一邊做新農作物11月合約的淡
倉。他推斷短缺會把舊農作物1月合約急劇推高，而速
度會快過新農作物11月合約。科夫納預測不單準確，而
且他料事如神，市場甚至出現過由舊農作物合約所帶動
的連環漲停潮。科夫納的利潤也跟著水漲船高。

　　有天早上市場再創新高，科夫納收到他經紀電話，
「大豆價要升到月球去了！」經紀興奮地搶著報喜。「看

來 7 月會再漲停，11 月肯定也要追落後吧，你再做淡 11
月合約會被人笑你傻的。我幫你停做淡吧，等未來幾日
市場一漲停，你便賺上加賺了。」科夫納同意平掉 11 月
淡倉，變相只做 7 月好倉。

我問科夫納這個決定是不是一時衝動，「是一刻的
瘋狂。」他回答。

15 分鐘後，這個經紀又打給科夫納，今次卻已陷入
恐慌。「我不知怎樣開口，但市場跌停了！我不知道是
否還可幫你出貨。」

科夫納聽見後十分震驚，喝令經紀立即沽出 7 月合
約，可幸幾分鐘後市場重新「打開」再度可買賣，他還
有機會離場，之後數天市場暴跌，勢頭就像急升上來時
一樣急速。若非他當機立斷即時清倉，科夫納便會因子
展做得很大而輸得很慘。事實上，就在他同意讓經紀只
平淡倉，到不久後再決定平好倉之間，他的證券戶口已
被斬近一半了。

科夫納認定他那衝動的決定，即是在市場一片恐
慌時，只平掉他價差倉位策略中的淡倉，是完全漠視風
險。「我想最困擾我的，」科夫納說，「是看到自己喪失了
理性，而這是我以為自己一直都有的。」

　　諷刺的是，也是在大豆市場的衝動決定，令馬可斯（Michael Marcus）憶起最令他痛苦的交易。馬可斯在1973年的大牛市中，順勢做了大豆好倉，當時大豆價格已升至前紀錄高位3倍。就在升浪持持續之際，馬可斯一時衝動下為了獲利竟完全平倉。他形容，「我嘗試做到故作有智慧而非跟著走勢而行。」與馬可斯共事被他視為典範的史克達（Ed Seykota），因為看不到走勢逆轉，決定以不變應萬變。大豆市場最終連續12個漲停，期間馬可斯每天上班都愁眉苦滿，因為他知道大豆又要再漲停了，自己卻早已離場，但艾德史克達則仍有持倉，困擾到有一天馬可斯感到再撐不下去了，要靠服用精神科藥物來幫他鎮痛。

　　舒華茲（Marty Schwartz）警告，為追回損失而一時衝動，也會帶來危險。「當你受損時，」舒華茲說，「情緒上定會感沮喪，大多數交易員會想立刻扳回來；他們會更大手買賣。但當你想一次過取回所失去的，卻最有可能又換來另一次傷害。」

　　根據我自己的個人經驗，我會說或許沒有一種交易，會比一時衝動所做的買賣，更易招致挫敗。無論你用的是甚麼原則，你定出了一套交易策略，便該好好按照作戰計劃去做，避免一時衝動的交易決定，部分例子

包括作出未經深思熟慮的交易、在到目標價前獲利或未到止蝕位便沽貨，以及只因有朋友或一些所謂市場專家推介而行動。

別混淆直覺和衝動

不要把一時衝動與憑直覺做買賣，兩者混為一談，前者幾乎必然是一個壞的主意，後者則更多是指有經驗交易員在勝算較高時所作出的買賣。

這裡所指的直覺沒甚麼神秘或迷信，在我看來，直覺只不過是經驗堆積而成的潛意識，當交易員直覺知道市場會怎麼走，很多時是潛意識浮起在過往出現過的相類似情況。

秘訣是要區分開你想發生的，
以及你知道會發生的。

——一名交易員

　　情緒化的影響會損害市場分析及交易決定的客觀性，例如，一個開了好倉的交易員，會較傾向排斥一些她若沒持倉便會接受的利淡訊號，她既已開好倉，當然是看好價格向上，利淡的預測或教她難以接受。又或者，一個交易員可能會故意忽略市場向上的訊號，因為他還未來得及建倉，現在才入市等於是承認之前股價較低時，不採取行動是做錯了。另一個例子是，一個交易員若發表過估計會升市或跌市的看法，便會變得不願承認與他預測互相違背的證據，這種內在界限或會蒙蔽有意識的分析及交易決定，妨礙交易員認出難以接受的證據。潛意識卻不在此限，好像一個交易員（要求不具名）在訪問時說，「秘訣是要區分開你想發生的，以及你知道會發生的。」

　　我們稱之為「直覺」，或許只是根據過往經驗得到的資訊，在不受情緒化扭曲的影響下所進行的客觀過程。可惜的是，潛意識從來不受我們思想控制，但當這些市場看法像直覺般出現，交易員便要提起精神注意了。

18

動態交易 vs 靜態交易

雖然這本書所討論的大多數（或者全部）交易原則都歷久不衰，但交易策略及處理手法卻要有所適應。當我問奧莎（Colm O'Shea）有沒有甚麼交易規則，是他一直都照著做的，他答：「我會使用風險指引，但不會一成不變地相信規則。成功的交易員是要懂得適應變化，若他們真的要使用規則，10年後你會發現，他們早已打破那些規則了。何解？這是因為世界在變，規則只會在特定時間適用於一個市場，失敗的交易員或許是有行得通的規則，但卻突然失效。他們一直緊守規則因

為行之有效，但到他們輸了便會開始埋怨，因為他們所
做的只是跟以往一樣。他們不知道世界沒等他們而繼續
運轉。」

交易員要長久成功便得適應。

——奧莎

　　要知成功的交易員是如何適應，索普（Edward Thorp）
堪稱是完美的範例。索普在其漫長的職業生涯中屢獲第
一，也是首名採用統計學套戰作為策略的交易員。統計學
套戰是一門對市場「中性」的策略，所建立的組合包括一大
批好倉和淡倉，達致平衡以減低市場走向及其他風險。這
個策略會建立價格被低估（underpriced）股份的好倉，以及
被高估（overpriced）股份的淡倉，而隨著價格變化持倉亦會
作動態調整。至於股份價格是被低估抑或高估，雖然並非
必要但一般會用均值回歸法（mean-reversion）來決定。
　　在1979年，索普推出一個他稱之為「指標項目」

(indicators project)的研究計劃,希望找出一些對股價可能有預判價值的指標。索普與他的團隊檢視過很多可能的指標,包括盈利預告、派息比率、市帳率,諸如此類。作為項目一部分,有研究員會專門觀察前幾年股價高低波幅最大的股份,結果這個因素顯然是預判股價短期走勢的最有力指標。過往股價升幅最大的股份,在未來一段時間趨於「跑輸」;跌得最多的股份則多數會「跑贏」。他們把這個策略叫作MUD,意思是升得最多(most up)及跌得最多(most down)的。

最初試用這個策略的時候,索普是通過平衡好倉和淡倉去控制整體風險,而策略運作一直都很暢順,風險控制也合理,但後來風險回報表現開始出現扭曲。這時索普決定重新檢視這個策略,建立了一個不但市場中立而且行業中立的組合,到了連行業中立設定都失靈的時候,索普便改用以不同數學定義因素來「中和」的組合,而到了這第3次改良,最初的系統已大幅被調整。就靠這樣在有需要時調整,索普總算維持得到超卓的風險回報表現,如果他一直只固步自封,堅持沿用曾風光一時的原始系統,盈利只會有朝一日給蒸發掉。

分注買賣 vs 單次買賣

你根本無需要一次過全部建倉或清倉。大多數交易員都慣於用單一個買入價及單一個賣出價，但通常較好的選擇是分注買入或賣出。例如，一個是交易員都會面對的兩難局面，你極度確信市場會走高，股價也剛剛急抽了一下，但你有些擔心現價追入會撞正即時調整，初步虧損便足以令你即使看對後市，也要無奈離場。另一方面，若交易真的很有前景，先等股價回落才再買入，卻有很大機會錯失整個升浪。你還有第3個選擇：可以先買入一部分，之後再靜候機會趁低補貨，好處是即使升市，你至少已有貨在手，無須等到股價起動後才大手追貨。而平均入市價降低，也減輕了因為初步虧損而放棄一個長遠來說是個好交易的壓力。

類似的道理也適用於離場，例如你有個長倉已獲利甚豐，開始擔心利潤會減少。如果一股不留但升勢持續，那便會錯過了一大段升浪；但相反若市場真的掉頭向下，而你一直也沒走貨的話，那便等於持貨到最後卻慘要歸還大部分收益。作為另一個選擇，分段減磅可確保你即使市場再向上，卻仍會有些貨底在手，同時也可緩衝因跌市而被迫交出的已得利益。李普修茲（Bill Lipschutz）是所羅門兄弟（Salomon Brothers）前環球

外匯交易部主管，同時是外匯資產管理公司哈瑟塞奇（Hathersage）資本管理的基金經理，他同意自己可以穩坐長期利潤，也是全靠運用分注落盤的技巧：「這樣做我便可以繼續持有賺錢的好倉，我的持倉比其他大多數我見過的交易員都來得更長久」。

抵受要做到完全正確的引誘。要避免一次過買入或賣出，同時做到選擇分注入場或離場，雖然不會助你贏盡所有，但也不會累你輸掉全世界。

倉位買賣

大部分交易員慣把交易看成兩個步驟：決定何時（或何處）入市，以及決定何時（或何處）離場，但較好的做法，或許是把交易看成是在買入點和賣出點之間的一個動態過程。

或許在我的受訪者裡面，沒有一位比巴洛帝瑪斯（Jimmy Balodimas）更懂得解釋動態交易是甚麼一回事。巴洛帝瑪斯在紐約證券做坐盤交易，表現出色，同時在交易員當中也算是個異數。《新世紀金融怪傑》（*Hedge Fund Market Wizards*）一書介紹巴洛帝瑪斯的一章，開首一句是「巴洛帝瑪斯簡直是離經叛道。」而他確實如此。他會在市場搶升時沽貨，在急挫時照樣吸納，他愈低愈

買之餘又很捨得收割獲利。我不會叫任何人嘗試模仿他的交易風格，因為這對大多數人來說無疑是等於放棄自己的財富。但他的買賣手法有一個獨特之處，解釋了怎樣做到經常都有利潤在手，即使看錯市時也一樣。

我第一次訪問巴洛帝瑪斯是在2011年2月22日，股市大跌的一天。在那天之前，整個月大戶都部署要挾淡倉，大市差不多日日新高，短短不過3日又刷新紀錄，而整個2月巴洛帝瑪斯卻是大手做淡。22日那天的急跌，把他近1個月來的將近一半利潤交出，但之前所賺的仍足以填補損失。

我一開始就問巴洛帝瑪斯：「你是怎樣做到買錯邊卻仍可跑贏？」

當市場合我意的時候，
我總會先收割一部分利潤……
這為我儲起很多很多資金，
因為要是到了升市時，我持倉已經減少。
——巴洛帝瑪斯

他以訪問當時看淡後市作為出發點說，「當市場合我意的時候，我總會先收割一部分利潤……這為我儲起很多很多錢，因為要是到了升市時，我持倉已經減少。這是打從我第一天便已經有的習慣，當市場合我意的時候，我總會先收割部分利潤。總是、總是、總是這樣。」

就著市況不斷調整倉位大小（跌市時減少淡倉，趁升市再建至滿倉），是巴洛帝瑪斯成功的要訣。他游走於倉位之間熟練買賣，令他有時就以今次為例，即使是買錯邊但到最後也仍有斬獲。雖然只有少數交易員可以做到像巴洛帝瑪斯般，在不同倉位之間走位買賣，但仍會有很多交易員同意，動態交易會來得比靜態的好。

動態交易實際上又是如何執行的呢？核心思想是，交易倉位大小會隨著獲利而有所降低，但又會因其後出現調整而重新建倉。每當倉位減輕而市場又回到再入市位，便代表有否則不會實現的獲利機會。甚至可能會發生的情況是，用最初買入價與最後沽出價去計算，股價根本沒有出現實質淨變動，但就全憑來回的相對倉位買賣而獲利（即是股價有利時減倉，到後來股價逆走時加倉。）

趁股價走勢利好而減磅的另一個重要好處，是可以降低股價一旦出現調整，而被迫止蝕離場的機會，因為

倉位減輕亦局限了調整的影響，甚至也不失為一個期望已久的大好機會，可再次加倉補貨，舉例你於40元買入一隻股票，目標價50元，預期中線阻力在45元；在這個假設下，你可以用的策略是，逢45便減磅，回落時便又加至滿倉，這個操作方法會讓你在股價回落時成為強者；相反，如果操盤用的是靜態策略，便可能要擔心回落時會損失全部利潤，變相增加了交易會出現清倉的機會。

　　當市場向好便分段獲利，調整時又補貨的策略，唯一會出現問題的時候，是當市場一路向著你所預測的方向走，頭也不回再沒調整至再入市位。但即使是這個情況，仍然持倉的那部分利潤也相當和味了。因此，平均而言這種動態交易策略在價格調整時將可增加利潤，同時也可改善保持做好交易的機會，代價是若交易一直穩步上揚往預期方向走，便會損失部分利潤。圍著倉位買賣不一定對所有交易員都有幫助，但他們部分該當會覺得獲益良多。

19

市場反應的重要

對市場消息的反應與預期相反，或許較消息本身更加重要。舒華茲 (Marty Schwartz) 將成功歸功於他朋友索納 (Bob Zoellner)，教導他如何分析大市走向。舒華茲總結出最基本的原則：「當大市有好消息仍向下，即是代表市底相當弱；有壞消息它卻照升的話，即是反映市況健康。」很多我訪問過的交易員在買賣時似乎也有同感。

當大市有好消息仍向下，
即是代表市底相當弱；
有壞消息它卻照升的話，
即是反映市況健康。

——舒華茲

黃金和第一次伊拉克戰爭

麥凱（Randy Mckay）講解他的一個根據市場對基本消息反應的交易方式，在解釋他是如何運用基本消息時，麥凱說，「我不會想，『供應過大那麼市場要向下了』，相反，我會看市場對基本資訊的反應是怎樣。」麥凱舉了一個經典例子，1991年1月第一次伊拉克戰爭，也即是海灣戰爭爆發時的金市反應。在美軍出動首次空襲前夕，金價僅在400美元的重要心理關口下方買賣，在美國空軍發動攻勢當晚，金價急漲並升穿400美元水平，在亞洲交易時段更加迫近410美元，但很快又回落

至390美元——低於開戰消息所觸發的急升前水平。麥
凱把金價有此等好消息卻仍要回落看成負面訊號，第二
天早上金價在美市大幅低開，一跌便是幾個月。

麥凱對股票興趣盎然

　　麥凱一直深受市場反應所影響，再前9年即1982
年，他變得對股市很樂觀。當時麥凱是個期貨交易員，
只是一直未有沾手股票，也不知道是甚麼令他看好股
市，走去開了個證券戶口。我問麥凱，既然他從未買過
股票，又是甚麼令他那麼相信後市一定看升呢。他回
答，「部分是因為沒甚麼好消息股市卻日日都在升呀。
你看，其實消息是頗為負面的：通脹、利率和失業率全
都仍很高呢。」再一次，市場氣氛——股價不理表面利
淡因素而拾級而上——提供了最重要的指示。

達利奧嚇了一大跳

　　達利奧（Ray Dalio）記起他早年職業生涯的一幕，當
時他被市場對消息的反應嚇了一大跳。在1971年大學畢
業後，達利奧在紐約證券交易所當經紀，同年8月15日，

尼克遜總統宣布美元與黃金脫鈎，震動了整個金融體系，達利奧當時認為應該看淡，但出乎他意料的是市場向上。

11年後，美國陷入經濟衰退，失業率居高於11%以上，加上墨西哥債務違約，達利奧分析由於美國的銀行持有大量拉丁美州國債，他理所當然的假設事件定會嚴重衝擊大市，結果達利奧的判斷錯得體無完膚，墨西哥違約事件正正是股市接近見底之時，不久便反彈而且升足18年。

談到市場兩次不似預期的反應，達利奧說，「1971年美元與黃金脫鈎及1982年墨西哥違約這兩件事，讓我學會了危機後，可以促使中央銀行出手推行寬鬆措施，這樣反而會蓋過危機本身所造成的影響。」事實是，我們也見識過另一個深刻的例子，就是2008至2009年金融風暴之後的大牛市——全靠中央銀行積極干預推動經濟復蘇。

市場對事件的反應並不順理成章，令很多投資者都大呼頭痛。這種看來似是而非的反應也可以理解為，一有消息傳出市場通常會做足心理準備，到事件要發生了影響便會大打折扣，例如1982年墨西哥正式債務違約前，市場早已預期拉丁美洲會有國家違約，而諷刺的

是當事件真正發生的時候，反而會為市場掃除疑慮，令
股價會出現與預期相反的走勢。另一個解釋得對負面消
息會有正面反應，是因為利淡事件——特別是重大的話
——可能會引發反彈，像對經濟及市場氣氛十分負面的
事件，都可以迫使央行出招並且帶來升市。

一份最看好的報告

　　當基本消息出現時，市場未必要等一個強烈而且有
違預期的反應，來作為判斷市況是好是壞的訊號；當一
件被認為是很利好或很利淡的事件發生，如果反應只屬
一般的話，也已經有同樣的啟示作用。

常常問你自己，
「還會有多少人會對這件事作反應？」
你要考慮一下市場是否已捨棄你的想法。
——馬可斯

　　麥可馬可斯會說，「常常問你自己，『還會有多少人會對這件事作反應？』你要考慮一下市場是否已捨棄你的想法。」

　　「你是如何評估的呢？」我問他。

　　麥可馬可斯解釋這便是解讀市場勢色的功夫，並且給出一個他認為是很經典的例子，是有關1970年代末的大豆牛市。當時大豆嚴重短缺，政府每周的出口報告成為了推高價格的催化劑，有一天，就在最新一份報告剛公布不久，馬可斯接到他公司的人來電，說：「我有一個好消息、一個壞消息。」

　　「好的，好消息是甚麼？」馬可斯問。

　　「好消息是出口數據無得彈，壞消息是你沒有增持至持倉上限（limit position）。」

　　由於那份報告太被看好了，市場普遍預期大豆價格會因此至少連續三日漲停。雖然他大手做了好倉，報告出來也意味他已獲利甚豐，但坦白說馬可斯難免仍有點不忿，因為他持倉未到可容許的上限，未能賺到盡。第二天一早開市，馬可斯便「補飛」再掃入更多合約，心裡央求著漲停前多少也給機會我買點吧。接著，「我便坐下來看好戲，」馬可斯說。

　　市場一如預期開市漲停，但很快便升幅收窄，代表

隨即可再買賣，電話這時候響起，馬可斯的經紀在聽筒另一端，通知他所有買盤已經執行，而市場開始走低，馬可斯心想，大豆全世界都預期會至少3個漲停，結果卻連一個漲停也捱不住。他立即打電話給經紀，狂嚷著要他匆匆沽貨。馬可斯沽得不亦樂乎，甚至連沽出多少也不知道，最後不單止全部沽出，更一口氣「沽凸」變成了淨淡倉——最終用低得多的價錢買回。「那是唯一一次我犯錯都賺大錢，」馬可斯說。

　　當馬可斯告訴我這個故事時，登時令我聯想起20世紀，棉花最大牛市時所發生過的事，當時棉花價格升至差不多每磅1美元——自南北戰爭以來的最高水平。我記得我當時是做好棉花的，而每周出口報告顯示有50萬包要售往中國，肯定是我見過最樂觀的棉花出口報告。可是到了第二天早上，棉花並沒有開出漲停（高開200點），而只是高出150點開市，之後價格還愈走愈低，結果開市位已經是全日高位——是之後逾30年再也沒見過的高位。

德魯肯米勒買錯邊

　　在東西德統一和柏林圍牆倒下之後，德魯肯米勒

(Stanley Druckenmiller) 做了大量德國馬克好倉，因為照他推斷，德國將會實行擴張性財政政策，而貨幣政策會從緊——一個有利市場的組合。他在第一次伊拉克戰爭爆發前，仍在大手做好，事後才知道持馬克好倉原來是個極差部署。不過，雖然面對虧損德魯肯米勒仍可全身而退，因為他把價值 35 億美元的長期馬克好倉，在一天內全部平掉。

我問德魯肯米勒是甚麼使他突然改變對馬克的看法，他解釋，「在美、伊兩國開戰之初，美元一直受避險資金所支持。一天早上，有消息稱侯賽因將會在美國展開地面戰之前有條件投降，消息一出，美元兌馬克匯價理應即時急挫，但結果只是微跌。我便覺得事有蹊蹺。」

無敵倉位

2009 年，普拉特 (Michael Platt) 重倉做了個交易，如果孳息曲線擴闊 (即是長息升得多或跌得少過短息) 便可獲利。不利這個交易的消息一個接一個，每次普拉特都會想，這個倉位我一定要出事了，卻又每次都沒事發生

安然度過。如此這般幾次之後，普拉特心想無論甚麼消息出來孳息曲線根本都已經再「平無可平」了。他便加倉至原來的4倍，之後看著孳息曲線由25點子升至210點子（雖然普拉特在加倉之後便中途獲利了）。這是他全年最賺錢的交易。

壓在水中的排球

拉姆齊（Scott Ramsey）是德納利（Denali）資產管理的基金經理，這家商品交易顧問公司在其13年歷史當中，平均年複合淨回報有15%，年化波幅達11%。拉姆齊將市場擺脫危機的力量，比喻成放開用力將排球壓在水中的雙手一樣。談到歐美股市在歐央行出手援助愛爾蘭之後，一天內便即升至新高，拉姆齊說，「想像將一個排球壓入水裡去——這便是你的危機事件。接著你放手由它去——事件便消散——排球會自水中彈出來。這是我們在市場看見的東西。」對拉姆齊而言，這種股價的反彈力顯示市場正處於願意承受風險（risk-on）狀態，代表很可能再走高。

買最強 沽最弱

　　拉姆齊又相信市場在危機時期的相對強度，會是個有用的預測指標。「只要簡單量度哪些市場在危機中是最強的，」他說，「便可告訴你哪些市場最有可能在危機消失時成為領袖——像是排球從水中彈出的市場。」

　　只要簡單量度哪些市場在危機中是最強的，便可告訴你哪些市場最有可能在危機減除時成為領袖——像是排球從水中彈出的市場。

　　　　　　　　　　　　　　——拉姆齊

　　拉姆齊不單止是對危機，任何情形他都把市場的相對強弱，視為重要指標。他總想買最強而沽最弱的，QE2（美聯儲第二輪量化寬鬆措施）結束時便是個例子，拉姆齊當時預期資金會停止流出美元資產，美元強勢便有望恢復。問題是要沽哪國貨幣來對沖美元好呢。「最

弱那個，」拉姆齊說，「結果是土耳其里拉，兌美元剛向下突破跌至兩年低位。試問在聯儲局瘋狂印鈔之際，它兌美元匯價卻有氣無力，那還要再等甚麼呢？」

馬可斯在買強沽弱方面也是同路人，「當發現一個市場它的反應要比其他任何東西都大，你絕對想進場參與的」他說，「當消息好到極但市場不為所動，那你便最好站在賣方。」他以1970年代一段通脹很厲害的時期為例，所有商品市場都還在用舊時的方式買賣，有一天市況特別異常，差不多所有商品都高開兼且漲停，同一天棉花也是一開便漲停，但很快就已經被沽低，最後只能稍微高收。「那是市場見頂，」馬可斯說，「其他任何商品都繼續漲停，就只有棉花再不見天日。」

大部份交易新手都會想著追落後，因為會有最好的風險回報潛力，後來居上的空間還很大，但馬可斯和拉姆齊卻說應該是剛剛相反。

關連度作為提示

有些時期不同市場會出現聯動情況，在這些期間，一個市場若未有像預期般，對另一個關連市場的價格變動作出反應，這便提供到重要提示。拉姆齊引用2011年

9月發生的事做例子，當時商品價格與股票價格之間的
關連度完全斷開。

在2008年金融海嘯過後，以往毫無關係的市場變成
高度連繫，因為市場在「加風險」與「減風險」環境之間
反覆互換。在加風險時，股票、商品，和外匯（兌美元）
都傾向再走高，但到減風險的日子，價格逆走便會應驗。

2011年9月中，市場關連度可以說全面瓦解。即使
股價反彈至兩個月來的區間頂部，銅價作為商品價格的
傳統領先指標，卻在全年低位附近徘徊，對股價走勢全
無反應。拉姆齊透過這個價格訊號，斷定整體商品價格
特別是銅價將難逃一跌——跌勢隨後亦確實出現。

20

失敗的價值

要成功，就必須經歷失敗，所有偉大的發明家都從錯誤中學習，從失敗中走向成功。

- 為做出我的吸塵機，我試過5,127個原型，意思是我失敗過5,126次，但在我一一經過這些挫折之後，我的發明成功了。戴森 (James Dyson)

- 我沒失敗過。我只是發現了1萬種行不通的方式。愛迪生 (Thomas Edison)

- 從錯誤中學到的比從成功的多。萊維 (Primo Levi)

通過錯誤來改善可能一句總結了達利奧(Ray Dalio)核心哲學。達利奧喜歡錯誤，因為他相信錯誤帶來學習的體驗，再累積出改善。將錯誤引領進步的想法滲透入企業文化，亦是達利奧希望向他自己的對沖基金Bridgewater所灌輸的。達利奧對錯誤的講法近乎於虔誠恭敬：

「我學會錯誤是有一種無與倫比的美麗，因為每個錯都會帶來難題，但如果我解決得到便會有所得著（即是未來我可以用來減少犯錯）。我學懂每個錯誤也可能反映出一些我（或其他人）做得不對的東西，所以若我想到哪裡有問題的話，便可以去學如何變得更有效率……當其他人都以為錯誤有害，我卻覺得蠻好的，因為只有這樣邊做錯邊反省才會學得到最多。」

達利奧將其做人哲學及管理概念寫進公司守則中，規定所有Bridgewater員工都要翻閱這份111頁的文件，另外在277條管理守則中，當然也有一部分是關於錯誤的，當中有：

- 明白到如果最後是有所得著的，錯誤也是美好的。
- 創造出一種文化，失敗也可以，但若不能認清錯誤、分析和從中學習，那便不可接受。
- 要知道你定會犯錯也有缺陷，你周圍的人和為

你工作的人他們也一樣。重要的是你會怎樣處
理，如果你視錯誤為一個處理得好、便會帶來
迅速改善的學習機會，那錯誤會令你很感興奮。

● 如果你不介意為對而錯，你會學到很多。

舒華茲(Marty Schwartz)比較交易員與其他行業是如
何看待錯誤，「在大多數行業裡，大多數人都忙於嘗試
彌補過失，而作為交易員，卻被迫硬著頭皮面對錯誤，
因為數字從不騙人。」

分析你的交易

克拉克(Steve Clark)建議為他工作的交易員，要
剖析一下他們的盈利及虧損狀況(損益表)，看看有甚
麼買賣行得通，有甚麼行不通。他說，很多時交易員
對利潤來源都摸不著頭腦，就算他們知道也好，都置若
罔聞。他形容找得自己幫手的交易員都有一個通病，會
說，「我一直買賣這個帳戶，事情也全都順利，就是不
斷輸錢。」克拉克會告訴他，「行得通的多做，行不通的
少做。」這個說法聽來再明顯不過，但意外的是，如此
顯淺的道理，很多交易員都知易行難。

行得通的多做，行不通的少做。

——克拉克

交易員的日誌

　　有部分市場怪傑提起，會寫低做過的交易來進行分析，這對他們取得成功很關鍵。達利奧將Bridgewater系統的起源，追溯至這個做法：「開始是在1980年前後，我養成了一個紀律，就是將做過的買賣都會寫低背後的原因。如果平了倉，也會跟進之後有甚麼發生過，來比較一下自己最初的想法及預測。」

　　麥凱（Randy McKay）說他早期的成功，全賴他每次嚴格地分析買賣，而這個做法早在他在交易大堂的年代已經開始：「那些年我做過而又行得通的，便是每單買賣我都會分析，每天我都會影印交易記錄帶回家檢討。每個交易員都有許多贏的股份和輸的股份，你要斷定贏的為何會贏、輸的為何會輸。只要你想得通，便會

變得在選股時更加揀擇，避開那些多數令你輸錢的。」

　　若能認清每個錯誤及應對得宜，都會帶來一個改善交易質素的機會。寫低每個錯誤、所帶來的教訓，以及要如何改變買賣策略，會令大多數投資者得益，這樣一個交易日誌，每隔一段時間拿出來看可溫故知新。交易過失無從避開，但重覆犯錯則可免則免，很多時就看憑這一點來定勝負。

21

實踐與空想

買賣如何執行要比交易構想本身更加重要。奧莎
(Colm O'Shea) 認為，1999年納指及2000年初的
「瘋牛」股市是個泡沫，當市場在2000年3月急跌，他
已頗為肯定大市已見頂，不少股份都會回吐它們大部分
升幅。雖然他如此推測，但奧莎卻沒有考慮開倉做淡，
他解釋，因為股價在泡沫時會升得頗為順暢，但在爆破
後通常會夾雜著熊市的反彈陷阱。

　　奧莎認為，應對大市見頂餘波的策略，要比直接做
空股份容易得多，尤其是根據他的分析，美國經濟只是

受資產價格出現嚴重錯配，才被人為地推高，等到納指泡沫一旦爆破，奧莎想，經濟肯定會開始放緩。而經濟轉弱也間接會壓低利率，因此，與其開倉做淡股份，奧謝反而去做好債券。雖然兩邊走勢最後也符合他所預期——即是股價跌利率也跌——但最大的分別在於，奧謝預期股價會回落得異常飄忽，但利率下跌（債價向上）的走勢是相緩暢順。

交易極之成功不在基本的前設正確，前設即使是正確，更多的還要有賴於如何執行買賣。

雖然納指自 2000 年 3 月高位，在其後兩年半期間跌了逾 80%，但在 2000 年夏天，納指又出現過超過 40% 的反彈。如果奧謝開倉做淡指數的話，那他的投資方向儘管正確，但卻很大可能會因為熊市的大型反彈，而被迫止蝕離場。相反，學他的做法開債券好倉而做淡股票，

反而會帶來一個頗為順利的升勢。這個交易極之成功不在基本的前設正確，前設即使是正確，更多的還要有賴於如何執行買賣。

一個更佳選擇

有時候，比起就這樣干脆在一個價位買賣，使用期權或許會是個更好的辦法。葛林布雷（Joel Greenblatt）在富國銀行的一次交易就是個完美寫照，說明了運用期權交易會較就這樣簡單開一個好倉，可以帶來更高的風險回報。

葛林布雷解釋，「1990年代初，富國銀行有一套長時間都行之有效、並且能夠帶來穩定費用收入的業務模式，卻因為持有很多加洲商業地產貸款而面臨很大壓力；而加州正陷於地產市道低潮。當時有個說法，房地產衰退可能會嚴重到一個地步，雖然不像會發生，但有可能令富國的投資者理應可獲分長遠費用收入之前，銀行資本已經率先耗盡。若富國捱得過的話，股價便很可能會遠高於現時80美元的被壓低水平，因為現價已計入有關憂慮。」

「我對這股份風險回報的看法，是它正面臨兩個局

面：如果富國倒閉股價會跌80美元，否則便會上升80
美元，可是購買逾兩年期的「長期期權」(LEAPS，long-
term equity anticipation securities) 而非正股，我可以
將1：1的風險回報比例變成1：5。如果銀行守得住，
股價會升1倍，而我買期權會賺5倍的錢；否則失敗的
話，我輸的只是期權的成本。我認為勝算會高於銀行最
終沒事的50-50機會，所以股份是應該買的，但若論風
險回報比例，期權就更應該要買了。而結果股價在期權
到期前升超過1倍。」

22

止蝕的智慧

部分交易建議，例如風險管理的重要性和嚴守紀律
的需要，當然是很重要了，但在我訪問過程中很
多交易員都有提出，不像有時也會出現其他人沒說，只
有一個交易員「獨家」的情形。這些獨特的觀察是我倒
是特別喜歡。

其中一個這種交易原則的完美例子，便是舒華茲
（Marty Schwartz）的一句格言，是說當你真的很擔心
你的倉位，而市場又竟然很容易讓你脫身，舒華茲說，
「如果你曾為一個倉位而焦慮得徹夜難眠，特別在周

末，而你又竟可有機會用一個比你想像中更好的價位走
貨，那麼你留在原來倉位通常都會好些。」

> 如果你曾為一個倉位而焦慮得徹夜難眠，
> 特別在周末，而你又竟可有機會用一個比
> 你想像中更好的價位走貨，那麼你留在原
> 來倉位通常都會好些。

脫身

在我與李普修茲(Bill Lipschutz)的訪問中，他提
到交易生涯中有次真的是驚險，正好可以用來帶出舒華
茲的觀察。當時，李普修茲正在為所羅門兄弟銀行操作
一個很大的外匯交易，在1988年秋天，李普修茲在尋
找美元兌德國馬克下跌的機會，他解釋，由於市場正值
低波幅期，「他持倉位也做得比正常大，做了價值30億
美元的馬克淡倉。那是個周五下午，戈巴卓夫(Mikhail

Gorbachev)在聯合國演講,透露蘇聯正計劃裁軍,市場即時解讀為美國削減軍費的機會大增,如此一來也有助於削減財赤,美元立即作出反應轉強。

　　李普修茲完全明白市場走勢跟他想像的相反,可以的話他當然也想就此平倉,問題是他持重倉,周五臨收市前紐約股市,成交少得根本容不下他的買賣。李普修茲心想唯一可以做的,是等日本開市(紐約時間星期天晚上)當市場流動性回復得夠多,才有機會平倉走貨,期間他的策略是在星期五交投淡靜的下午,盡量拖延美元兌馬克再走高,而為了暫時推低美元,他要再向市場沽出額外3億美元,此舉卻像泥牛入海,美元仍不甘示弱,李普修茲知道大事不妙了。

　　他走過去公司總裁的房間說,「我們碰到問題。」

　　「是甚麼呢?」總裁問。

　　李普修茲回答,「我做淡美元,但錯判了我在市場中的流動性,我已試著壓低美元但不成功,現在要買也買不回來了。」

　　總裁於是冷靜地問,「我們在甚麼水平?」

　　「我們虧損介乎7,000至9,000萬美元,」李普修茲答道。

　　「有甚麼辦法?」他問。

　　李普修茲回答,「當東京開市時,我要看看在哪個

水平買賣。我的用意是先平掉半個倉，之後的再打算。」

李普修茲周末時焦急得冒汗。到星期日晚上日本開市，美元事實卻不升反跌，市場竟然為李普修茲打開逃生門讓他脫險，可是李普修茲卻放棄了之前想好、在東京開市早段便減至半倉的原定計劃，他改變策略先等著看看，而美元還一直未止跌。李普修茲最終在歐洲交易時段完全平倉，蝕了1,800萬美元，但已經像贏了大錢一樣，因為星期五下午他還在輸差不多5倍的錢。

我問李普修茲，大多數人在他的處境，日股一開市見價格較心目中的好，肯定會就此徹底平倉，而且還會倍感安慰，他又憑甚麼那麼夠定力。李普修茲回答，「我沒有在東京開市時止蝕離場，是因為這將會是個錯誤的交易決定。」

舒華茲為我省錢

我自己試過有一次成功的交易是全靠舒華茲的忠告。在2011年，納指由6月中的相對低位急升，貼近長期上升軌的頂部。就在7月就業報告出來前的一天，市場做出反彈以來的收市高位，明顯是看好翌日公布的報告，但實際出來的數字卻極度利淡。在一般情況下，即

使就業報告再差，市場評論家也會窺出一些起到緩和作用的統計或因素，但這份報告卻差得連他們想找少許建樹來唱好也難。於是市場作出反應出現一輪急速拋售，隨後數小時仍跌勢未止，直到午市早段才出現拗腰，並且繼續反彈，到收市已經失復了75%失地。因為那是個周五，即是全個星期計的話仍算是高收，收市價距離多年高位低出並非太多。

就在當時，我正在捕捉即市高位，在開市時已經準備好要大做淡倉。但市場一下子就能擺脫利淡消息，加上一周收市仍能強勢反彈，再迫近過多年高位，對我來說明顯是個極之向好的價格走勢。無論怎樣看，我也必須承認自己很可能站錯邊了，我預計到星期日晚上市場會高開，之後還會再抽高。見識過星期五的價格反應之後，我已打定輸數由星期日晚上至星期一都要大規模平倉。雖然到了星期日晚上，我仍在盤算著最壞打算，但結果開市首10分鐘，卻較星期五收市價低出整整15點。記住舒華茲的格言，我最後平掉僅10%淡倉，到星期一股市再顯著低開，而且愈跌愈急，按照舒華茲的建議去做已為我省回很多。

23

投資其實是在「玩」

市場怪傑用來形容交易的用語，也饒有意義的，例如接著的這些：

- 科夫納（Bruce Kovner）：「市場分析就像個多維空間的巨型棋盤，樂趣只是單純考驗智力。」

- 羅傑斯（Jim Rogers）：「（市場是）一個大型的三度空間拼圖……但並非你可以全攤開在一張大桌上，再逐少逐少去砌好的那種，完成圖時刻在轉變，每天有些會被拿走，有些會放進來。」

- 瑞安（David Ryan）：「（交易）就像一場超級尋

寶，在這裡面有一處（他輕拍周線圖集）會讓你
一夜致富，我正在找它出來。」

- 克拉克（Steve Clark）:「我以為我是在玩視像遊
戲，真的不敢想像還有錢收的呢，我真的很享
受，不收錢也願意做啊。」

- 特勞特（Monroe Trout）:「我今天大可退
休，單靠收息也足以安享晚年，事實卻是我
喜歡買賣。我從小便愛玩遊戲，現在要我玩
一個很有趣的遊戲，收入也好得無話可說，
已沒有其他事情會再吸引得到我了。到我覺
得交易沒趣味可言，又或者我已沒信心再賺
了，便會引退。」

這些引述有甚麼共通點？它們全是用遊戲來做比
喻，這告訴你市場怪傑做交易，不是關乎工作或關乎財
富，更多的是交易是他們愛做的事情——全心全意去尋
求挑戰的樂趣。

這不是關乎工作，這不是關乎財富，更多
的是交易是他們愛做的事情 —— 全心全意去
尋求挑戰的樂趣。

當我訪問李普修茲（Bill Lipschutz）時，我驚覺交
易已如何滲進他的人生裡去。要了解交易是徹底融入他
的日常生活當中，最活生生的例子便是他在家裡滿佈了
報價機，是每個房間都有的程度，包括有一個就安置在
他床邊，讓他半夜醒來轉個身便能看股價，甚至在浴室
也有一個與他一樣高的報價機——究竟是他要讓人知道
自己對市場有多沉迷，又或是個交易已融入生活的具體
化表現，或兩者皆有之。

我問李普修茲，「交易佔據你幾乎全日時間，都不
提晚上了，那還覺有趣嗎？」

「這個帶來很大樂趣啊！！」他回答。「真是過癮死
了，因為它每天都不同呀……我不收錢願意會做。我 36
歲了，但卻活得像從來未工作過似的，我有時還真不敢

相信，賺回來的全部這些錢，實質上是靠我一直精心策劃所玩的遊戲而得到。」

我們又多一個用遊戲來做的比喻。訪問市場怪傑令事情愈來愈清晰，他們之所以會被交易深深吸引，是因為他們就是愛去挑戰他們眼中的複雜遊戲。他們交易是因為他們愛交易，他們不是為了其他目標像是要致富而做交易，而這便是引致所有不同的原因。

對於我問到是甚麼決定一個交易員會否成功，奧莎(Colm O'Shea)說，「坦白講，如果你都不愛它，你一生中有很多其他更美好的事，是正等著你去做……如果是為錢而交易是沒人會得益的，成功的交易員單向錢看只為錢所動，他們會只做5年便停下來，因為所賺的錢已夠他們一世無憂，但他們不會……尼克勞斯(Jack Nicklaus)已很富有，為甚麼他即使已年過60，卻仍會對高爾夫球樂此不疲呢？或許正是因為他愛手執高球桿吧。」

我肯定如果你看著你知道是成功的人，無分其職業貴賤，你都可以從他們身上找到一個共通點，便是他們都愛他們所做的，做交易也一樣，做任何事也一樣。喜愛交易不一定帶來成功，但不喜愛就一定會失敗！

附錄

期權 — 基本入門 [1]

期權基本上分為兩類：認購期權和認沽期權。買入
認購期權給予買入者權利——而不是責任——以一
個特定價格即是稱之為行使價，到到期日或之前任何時
間購入相關資產。至於認沽期權則給予買入者權利——
但非責任——在到期日或之前以行使價沽出相關資產。
（所以要注意一點，就是買入認沽期權就是看淡後市，
而沽出認沽期權則是看好後市。）期權的價格叫期權金，
舉個有關期權的例子，如果買入「IBM 4 月 210」認購期
權，便可以在期權到期前任何時間內，以每股 210 美元
購入 100 股 IBM 股份。

　　買入認購期權是看好資產價格會上升，於是會鎖
定一個特定價格便可以買貨，而最大的潛在損失是購入
期權的本金，即是在到期日前任何時間，行使價一直高

於當前股價，例如210美元行使的IBM期權，若在臨到期前仍在205美元買賣的話，那麼一過期便會變毫無價值。如果在到期時資產相關價格是高於行使價，那麼期權就仍會有部分價值，所以仍可以行使。不過，如果相關價格與行使價的差距是少於期權金的話，那結果便會是淨虧損了。也正因如此，買入認購期權要賺錢的話，資產價格與行使價的差距便要高於買入期權的本金（經佣金支出調整）。資產價格愈高，出來的利潤便愈大。

至於認沽期權的買家，則是看淡價格會下跌，因而會先行鎖住沽出的價位。就像買入認購期權時一樣，買入認沽期權者輸得再多，也只限於其所付出的期權金本錢。如果持有認沽期權直至到期日，而行使價超出資產價格的幅度又大於期權金的話（經佣金支出調整），那便能夠有淨利潤。

在買入認購或認沽期權可以局限風險，而無限放大潛在利潤的同時，另一方面對賣方而言也是同樣情況。沽出期權（通常稱為期權賣方）會先真金白銀收取期權金，但同時也有責任在履行期權時，以行使價進行相反的倉位部署，例如若一個認購期權要履行，賣方便一定要在行使價做回相關資產的淡倉（因為認購期權要履行，買方便等於在那價格開了好倉）。

　　沽出認購期權，是要從一個預計會橫行以至適度調整中獲利。在這個情況下，賣出認購期權而先行賺取期權金，提供了一個最吸引的買賣機會。不過，如果交易員是預期價格會出現大跌，沽空大市或買入認沽期權很多時會更為「著數」——交易會帶來未封頂（open-ended）的潛在利潤。而同樣地，賣出認沽期權是要從一個橫行以至適度升市中去獲利。

　　有些新手仍會覺得難以理解，交易員不是都傾向做期權的買方嗎（是認購或認沽期權，則視乎其對後市看法），因為這樣做交易的獲利空間無限而風險有限。這種混淆不清的想法，是反映他們未有考慮到機會率因素。雖然期權賣方的理論風險是無限大，但最有可能發生的價格水平（即是，當期權買賣時在資產價格附近的價格水平），卻會為期權賣方他們帶來淨利潤。概括地說，就是期權買家明知很可能會有小損失（付出期權金），只為一旦出現的大回報；期權賣方則接受一不小心話是會有大損失，但就很可能穩袋小部分收益（期權金收益）。

　　期權金由兩部分組成：內在值（intrinsic value）加上時間值（time value）。認購期權的內在值，是資產現價高於行使價的差值。（而認沽期權的內在值，則是資

產現價低於行使價的幅度。）其實，內在值可理解為期
權若於現價行使的話，所體現得到的一部分期權金，而
內在值也可當成期權的「底價」。為甚麼？原因是如果
期權金是低於內在值的話，交易員透過買入並且行使期
權，便已即時抵銷了所做成的市場倉位，因而錄得淨利
潤（假設交易員至少會負責買賣成本）。

　　有內在值的期權（即是行使價低於市價的認購期
權，以及行使價高於市價的認沽期權）會稱為價內（in-
the-money）。而如果期權沒有內在值，則會稱之為價外
（out-of-the-money）期權。至於期權的行使價若然是貼
近市價的話，就叫做到價（at-the-money）期權。

　　根據定義，價外期權內在值等於零，但它仍會有部
分價值，因為在到期日之前，市價仍有可能會趕過行使
價。而到價期權又會有比內在值大的價值，因為如果以
內在值計算，期權倉位會比相關資產的倉位更加有利，
原因是不管期權或相關資產也好，在價格走向有利時都
會同樣獲益，但期權的最大虧損是有限的。而期權金超
出內在值的這部分，便是時間值了。

影響時間值的三大重要因素包括：

1. 行使價和市場價之間的關係

深入價外的期權時間值會很小，因為市價要到達行使價——或超過——在到期日前只會些微機會。至於深入價內的期權只有很小時間值，是因為這些期權所提供的倉位，與市場相關資產差不多——兩者都會賺取或損失同等金額，除非是出現極端反向的價格變動。換言之，就深入價內的期權而言，風險受到限制這一點並不值博，因為畢竟行使價距離市價太遠了。

2. 到期日前的剩餘時間

到期日前的時間愈多，期權的價值亦愈高。這是因為期權的「壽命」愈長，內在值在到期日前增加某個特定幅度的機會也自然愈大。

3. 波幅

時間值與到期日前相關資產的預期波幅（量度價格變幅），兩者成正比關係。這是因為波幅愈大，內在值於到期日前增加某個特定幅度的機會亦愈大。換言之，波幅愈大，市場上價格的可能變幅便愈大。

雖然波幅在決定期權金的價值時，會是個十分重要

的因素，但要強調的是，未來的波幅在事前是無法準確預知的。(相反，到期日前剩餘的時間，以及市場資產現價與行使價之間的關係，卻是隨時隨地可準確得出。)因此，波幅定是要根據歷史波幅數據去預測，而由市場價格(即是期權金)引伸出來對未來波幅的預測，這個可能會高或低於歷史波幅，我們稱之為引伸波幅。

平均而言，我們會發現有一個趨勢，就是期權到期前的引伸波幅會高於之後市場體現出來的實際波幅。換言之，期權會傾向於定價較高，所多出的期權金是要提供誘因，吸引期權賣家願冒無上限(open-ended)的風險，去為買方提供價格保障。這個情況完全可以用家居保險來做比喻，保費的定價是要讓保險公司有利可圖——否則，他們便不會有誘因去承受沒上限的風險。

注解

第一章：不可預期的失敗

1. www.baseball-almanac.com/feats/feats23.shtml.

2. 在很多期貨市場，每天最大價格變幅是受到特定限制的，下限便是指下跌幅度的最低水平，而上限則是上升幅度的最高水。在任何情況下，如果經由市場自由力量互動而得出的平衡價格，結果是低於下限價的話，那麼市場便會「跌停」──即是說交易實際上將會停止，原因：市場將會湧現大量賣家，而實際上卻沒人會願意在下限的位置買貨。

第四章：發掘投資優勢

1. 問題已設定成你一定要玩輪盤，不落場玩固然是個更好的策略，但在此已經排除了。

第五章：成功需苦幹

1. 關於本德的死因曾經有過些爭議，哥斯達黎加當局落

案控告他妻子謀殺。但知道她妻子的為人,加上在與賓特一名知道內情的老友傾談過後,我個人較傾向相信他自殺身亡的版本。

第八章:風險管理的重要

1. 不諳期權的讀者大可跳過這個部分,又或者先讀過附錄才再回到這一部分。

2. 表現統計是來自www.barclayhedge.com

3. 多名前SAC資本僱員不是自己招認,便是被判內幕交易罪成,而公司本身面對內幕交易的指控也選擇認罪,共須支付18億美元罰款。科恩(Steve Cohen)則被指疏忽管理下屬,但卻未有直接參與內幕交易。儘管如此,之前提及的罪狀,加上科恩平常一向都鼓勵為他打工的基金經理分享交易消息,變相令科恩的買賣可能已經受益於內幕交易了。依我個人分析,你大可把科恩的回報減半,但仍無損其佳績,無論內幕交易會帶來多大影響(如有任何),當然也會比他所賺的少得多,不然便肯定會有大量證據,足以指證科恩令他被直接起訴。因此,若單純從統計角度看,我仍相信科恩毫無疑問是個才華洋溢的交易員,而這些意見只可以用來解釋,我為何仍相信科恩是個偉大的交易員,不論是甚麼假設,包括計入內幕交易的影響也好,結論也是一樣,當然我也並非在暗示他有直接參與內幕交易——我絕不願就此事妄自推測——又或者去縱容此等行為。

第九章：嚴守紀律

1. 很多期貨市場都有每天最大價格變幅的限制。如果有
事件發生令到買賣雙方出現極不平衡的狀況，一如在卡特計劃
公布之後，期貨會在基本上沒有交易下移向限制價格。期貨會
出現連續數天裂口開市便限停的情況，直至市場最後回復到買
賣盤自由對價的平衡點——例如價格跌夠了開始有買家入場。

第十二章：挫敗是遊戲一部分

1. 這章有些部分是採用了施瓦格著《市場怪傑》（*Market
Wizards*），新版（Hoboken, NJ: John Wiley & Sons, 2012）。

第十五章：控制你的注碼

1. 策略在2007年將品牌重新定位為Omni環球基金，此
前策略叫Hartford增長基金，只做熟客生意。

第十六章：勿讓情緒影響判斷

1. Daniel Kahneman and Amos Tversky，《Prospect
Theory: An Analysis of Decision under Risk》*Econometrica*
47，no.2（March 1979）：263-291。展望理論是決定理論的
一門分支學問，嘗試透過觀察不同選擇的預期結果，去解釋
為何人類做決定時，總會偏離理性決定。（定義來源：www.
qfinance.com）

2. 本段採納了施瓦格著*Market Sense and Nonsense*（Hoboken, NJ: John Wiley & Sons, 2012）

第十七章：衝動入市的代價

1. 國債價格變動與利率成反比。

附錄：期權 —— 基本入門

1. 這附錄最初是出版於《市場怪傑》（*Market Wizards*）（1989）

智富 04

一本書成為交易高手
The Little Book of Market Wizards:
Lessons from the Greatest Traders

作者	施瓦格 (Jack D. Schwager)
譯者	Ralph Lee
出版經理	呂雪玲
責任編輯	吳芷晴
封面及書籍設計	Pollux Kwok、Viann Chan、Kenneth Wong
出版	天窗出版社有限公司 Enrich Publishing Ltd. 九龍觀塘鴻圖道74號明順大廈11樓
發行	天窗出版社有限公司 Enrich Publishing Ltd.
電話	(852) 2793 5678
傳真	(852) 2793 5030
網址	www.enrichculture.com
電郵	info@enrichculture.com
出版日期	2015年11月初版
承印	長城印刷有限公司 香港柴灣豐業街10號業昌中心3字樓
紙品供應	興泰行洋紙有限公司
定價	港幣 $138　新台幣 $580
國際書號	978-988-8292-86-8
圖書分類	(1) 工商管理　(2) 投資理財

支持環保 | 此書紙張以北歐再生林木纖維製造及
經無氯漂白，並採用環保油墨印制。